COORDENAÇÃO EDITORIAL

Eliane Jaqueline Debesaitis Metzner
Daiane Cristine da Rocha Rosseto

A voz da sororidade

Um livro que conecta mulheres e negócios

Vol. 2

Literare Books
INTERNATIONAL
BRASIL · EUROPA · USA · JAPÃO

PRESIDENTE DO CONSELHO
Maurício Sita

PRESIDENTE
Alessandra Ksenhuck

VICE-PRESIDENTES
Cláudia Pires e Julyana Rosa

DIRETORA DE PROJETOS
Gleide Santos

CONSULTORA DE PROJETOS
Daiane Almeida

COORDENADORA EDITORIAL
Amanda Moura

EDITORES
Anselmo Vasconcelos e Helder Novaes

ASSISTENTE EDITORIAL
Júlia Almeida

REVISORES
Renata Siqueira e Paulo Mello

CAPA E DESIGN EDITORIAL
Ana Paula Nunes Medeiros

DIAGRAMAÇÃO
Alexandre Alex Alves

IMPRESSÃO
Printi

Dados Internacionais de Catalogação na Publicação (CIP)
(Câmara Brasileira do Livro, SP, Brasil)

A Voz da sororidade : um livro que conecta mulheres e negócios : vol. 2 / coordenação editorial Eliane Jaqueline Metzner, Daiane C. R. Rosseto. -- São Paulo : Literare Books International, 2025.

ISBN 978-85-9455-364-5

1. Mulheres - Aspectos sociais 2. Mulheres nos negócios I. Metzner, Eliane Jaqueline. II. Rosseto, Daiane C. R.

25-252097 CDD-658.0082

Índices para catálogo sistemático:

1. Mulheres nos negócios : Administração 658.0082

Eliete Marques da Silva - Bibliotecária - CRB-8/9380

LITERARE BOOKS INTERNATIONAL LTDA.

Alameda dos Guatás, 102
Vila da Saúde – São Paulo, SP. CEP 04053-040
+55 11 2659-0968 | www.literarebooks.com.br
contato@literarebooks.com.br

MISTO
Papel | Apoiando o manejo florestal responsável
FSC® C196274

SUMÁRIO

PREFÁCIO

Sororidade: alma, força fêmea libertadora da responsabilidade consciente

Este livro, *A voz da sororidade – vol. 2*, conecta mulheres e negócios, eu diria, conecta almas, uma força fêmea que nos liberta, pois um ser humano "só será livre quando deixar de ser impelido, e perderá a liberdade quando deixar de ser responsável" (Viktor Frankl). As cinco plataformas da superação humana começam com o Resgate, em seguida o Acolhimento, depois a Reeducação, então partimos para a Reinserção e, como passo decisivo e transcendente, chegamos à Libertação, assim escrevo nos meus livros *O poder do incômodo* (2021) e *Guerreiros não nascem prontos* (2016). Seus passos exigem coragem, confiança, cooperação, criação, consciência, conquista, correção e caráter.

A sororidade que traz cooperação, solidariedade, companheirismo e proteção vem embalada numa palavra de poder exponencial: "empatia". Esse é o mais profundo sentimento humano, quando nos colocamos no lugar do outro ser humano e sentimos suas dores, seus temores, nos recheamos de uma sabedoria emocional; porém, precisamos acrescentar a expressão "empatia ativa", pois não basta auscultar e sentir a necessidade do resgate e realizarmos o acolhimento, precisaremos que nossa empatia ativa aja na evolução superante da outra pessoa.

A sororidade exige "reeducação", extrairmos todos os aprendizados de cada instante dos nanossegundos vividos. Ali, prestando atenção instante a instante, colheremos e teceremos as novas redes ascensionais do nosso próprio destino. Tecer os próprios destinos e reinseri-los nas nossas atividades, no trabalho, na liderança organizacional, nas atividades filantrópicas, no relacionamento familiar e em um dos mais sagrados deveres, a educação de crianças na sua primeira infância.

Aqui, temos 25 mulheres sensacionais que tecem seus destinos e revelam cada qual como nossos destinos são impactados pelos instantes vividos. Neste livro, vamos apreciar os toques mágicos e instantâneos de situações e de pessoas, de mulheres heroínas das almas humanas na Terra, como uma frase que me tomou na leitura do livro e da qual faço uma homenagem a todas as mensagens obrigatórias de impacto na leitura desta obra: "André, até aqui tu me trouxeste, mas daqui eu só vou para a frente" (Sra. Lúcia Borges Maggi, avó de Belisa Borges Maggi). Uma situação desanimadora passou o marido: ele decidiu voltar para trás, retornar do Paraná para o Rio Grande do Sul, quando a força da alma fêmea da Lúcia não permitiu, e naquele instante foi tecido um destino de legados que não existiria sem a intensidade da coragem daquela mulher. Instantes femininos tecem destinos.

Teríamos desbravado o Cerrado brasileiro sem a força das almas femininas das mulheres pioneiras? Jamais.

As pioneiras, sob as condições rústicas, de sofrimento, de lutas perante todas as incertezas e que, além de todos os trabalhos nas casas, faziam lides nas lavouras, nos animais, alimentavam a esperança e geravam a coragem guerreira de "ir para a frente".

Pensem nos imigrantes vindos ao Brasil de todos os povos do mundo. Penso na minha mãe biológica, grávida de seis meses, sozinha (meu pai biológico morreu na Espanha), descendo no Porto de Santos, sem conseguir cuidar do filho recém-nascido. Fui então adotado por outra mulher de alma gigantesca, que me criou e jamais permitiu que eu me transformasse numa vítima após um terrível acidente caseiro quando, aos quatro anos de idade, sofri uma queimadura de terceiro grau em todo o rosto… Ah, como eu amo essas guerreiras, e como nós homens precisamos dessa força, dessa carga regenerativa das nossas responsabilidades na missão do encontro também das nossas legítimas liberdades.

A sororidade abraça toda a diversidade, pois cada ser diverso é de extrema importância na vida do outro. Caminhamos para uma jornada em que todos deveremos receber o diploma de "irmãs" (*sororem*, em latim). Mas eu me atreveria a inserir nessa ética e estética a irmandade; "irmãos e irmãs" somos todos neste minúsculo planeta onde vamos transportados numa velocidade de 600 km/s, no ventre de nossa mãe maior Via Láctea, rumo ao eterno infinito…

Como o planeta tem mais mulheres do que homens e estes são filhos da primeira parte, nossa jornada não tem volta mesmo; só iremos daqui para frente.

Nos negócios, a presença da mulher melhora os resultados, o EBITDA (*Earnings Before Interest, Taxes, Depreciation and Amortization*, que em português significa Lucros Antes de Juros, Impostos, Depreciação e Amortização) e a sustentabilidade. Convivo com mulheres maravilhosas no Congresso Nacional de Mulheres do Agronegócio (CNMA) já por nove anos, e lá pesquisamos e identificamos sete virtudes essenciais das mulheres: liderança, empatia, resiliência, comunicação, empreendedorismo, cooperação e responsabilidade.

Da mesma forma, anos atrás perguntei para Dona Jô Clemente, fundadora da Apae: "Qual sua profissão, dona Jô?". Ela respondeu: "Marqueteira, Tejon, precisei vender a ideia da Apae para o mundo inteiro". Mulheres são poderosas vendedoras. Mas, ainda com a maravilhosa Dona Jô, perguntei: "Se a senhora fosse viver de novo todo tempo, o que faria diferente?". Ela respondeu: "Protegeria menos meu filho Zequinha, protegi demais e quando fazemos isso não permitimos que as pessoas encontrem dentro de si todo poder potencial que carregam".

Portanto, boa leitura neste *A voz da sororidade – vol. 2*, uma libertação para realizar a verdadeira responsabilidade que já habita dentro de cada uma, cada um de todos nós. Juntas, mulheres que mudam o mundo para melhor.

Como homem, não imaginam a honra de ter sido escolhido para este emocionante prefácio, pois dentro de mim a Dona Rosa, minha mãe adotiva, significa o amor e o respeito a todas as mulheres do mundo.

Gratidão.

Muito obrigado.

José Luiz TEJON

Doutor em Educação pela Universidad de la Empresa (Uruguai); sócio-diretor da agência de comunicação Biomarketing; coordenador acadêmico na área de Agronegócio na Audencia Business School (Nantes, França) e na Fundação Escola de Comércio Álvares Penteado (São Paulo, Brasil); autor e coautor de 36 livros.

TCA International

CAPÍTULO 1

A jornada

Mulheres que inspiram

Neste capítulo, convido você a mergulhar na minha trajetória e na das mulheres que moldaram minha vida. É com gratidão que compartilho minhas experiências, esperando que elas inspirem outras mulheres a acreditarem em si mesmas e a se apoiarem mutuamente. A sabedoria acumulada de nossas vivências pode iluminar o caminho umas das outras.

Daiane Cristine da Rocha Rosseto

DAIANE CRISTINE DA ROCHA ROSSETO

Fundadora da empresa Daiane Rosseto Consultoria e Treinamentos, atua na área de gestão de pessoas, ajudando empresas a otimizar o desempenho de suas equipes e a promover ambientes de trabalho mais eficientes e colaborativos. Como consultora empresarial, palestrante e treinadora, desenvolve e aplica treinamentos focados no desenvolvimento humano, promovendo a melhoria contínua de habilidades comportamentais e profissionais. Atualmente, ocupa uma posição de liderança como coordenadora do Núcleo de Mulheres Empresárias da Associação Comercial e Industrial de Cascavel (ACIC), onde é responsável por orientar e promover o desenvolvimento das atividades do grupo. É formada em Administração de Empresas, analista de perfil comportamental, líder coach, *practitioner* em Programação Neurolinguística e Expert Coaching, Líderes do Futuro, Método Master Liderança Training e consultora de núcleos do Programa Empreender.

Contatos: Instagram: @daia.rosseto
Facebook: Daiane Cristine Rosseto
LinkedIn: Daiane Cristine Rosseto
45 99972 9247

Na primeira edição do livro *A voz da sororidade*, contei parte de minha história.

Discorri um pouco sobre minha infância, quando já sonhava em fazer a diferença na vida das pessoas por meio do meu trabalho. Para quem não teve a oportunidade de ler, vou fazer um breve resumo para que você possa me conhecer um pouquinho.

Criada em Curitiba (PR), de origem humilde e conservadora, comecei a trabalhar cedo, vendendo bombons e produtos da Avon. Ao longo dos anos, enfrentei desafios profissionais e pessoais, desde o trabalho como balconista até cargos de liderança, sempre com foco em superar minhas limitações e buscar novos conhecimentos.

Minha jornada foi marcada pela resiliência e pela vontade de aprender, que me levaram a assumir cargos importantes, inclusive na construção civil, um setor dominado por homens.

Após me casar com meu marido, Lincoln, mudei-me para Cascavel (PR) em 2006, em busca de novas oportunidades e, mesmo enfrentando dificuldades pessoais, como uma perda gestacional e uma gravidez delicada, mantive minha determinação.

Em 2014, a maternidade me trouxe novos desafios e me fez repensar na vida profissional. Foi quando optei por dedicar um tempo à minha filha, Giulia, e iniciar um profundo processo de autoconhecimento. Esse processo me levou a atuar como facilitadora em grupos de cura emocional para mulheres na igreja de que faço parte e a resgatar minha veia empreendedora. Durante a pandemia, me especializei em desenvolvimento pessoal, adquirindo diversas formações que complementaram minha experiência de mais de 16 anos como CLT.

Hoje, me realizo ajudando outras pessoas e empresas por meio de análises comportamentais, mentorias e treinamentos voltados à área de gestão de pessoas, e como coordenadora do ACIC Mulher, o maior núcleo dentro da Associação Comercial e Industrial de Cascavel, que tem como maior objetivo o fortalecimento do empreendedorismo feminino.

Nesta segunda edição, quero compartilhar as lições que a vida me proporcionou até aqui. O que aprendi com algumas das mulheres que cruzaram meu caminho e como cada uma contribuiu de forma única para o que sou hoje.

Meu desejo é de que este capítulo seja uma celebração de todas essas mulheres e de todas as minhas vivências e aprendizados e que as experiências aqui reunidas sirvam como inspiração e força para todas as mulheres como forma de sororidade.

A palavra sororidade vem do latim *soror*, que significa irmã; portanto, carrega a ideia de irmandade feminina. Segundo o site Brasil Escola, sororidade é um substantivo feminino e um conceito, ainda em construção, sobre empatia, solidariedade e acolhimento entre mulheres.

A primeira mulher que desejo mencionar é Maria, mãe de Jesus. Ela me ensinou sobre amor e respeito incondicional por um filho, mostrando que amor não é apenas um sentimento, mas uma decisão. Desde o momento em que soube, por meio de um anjo, que seria a mãe do Salvador do mundo, Maria acreditou, lutou, zelou e amou profundamente, respeitando Jesus até o último suspiro de sua vida. Ela sabia exatamente quem Ele era e compreendia com clareza o propósito de sua missão na Terra. Isso fica evidente nas Escrituras, no Capítulo 2 de João, quando, ao faltar vinho em um casamento, Maria intercede junto a Jesus, e este realiza seu primeiro milagre. Além de amor incondicional, Maria me ensinou o poder da intercessão por um filho e a importância de apoiar o propósito de vida dele.

A segunda mulher é minha mãe, Vanda. Dentre as várias lições que aprendi com ela, duas se destacam: a fé inabalável em Deus, que é nosso socorro em qualquer circunstância, e a busca pela excelência e pelo compromisso em tudo o que fazemos. O capricho com que minha mãe realiza suas tarefas é uma demonstração de amor pelo que ela executa, e isso me ensinou o valor de fazer as coisas da melhor maneira possível. A responsabilidade e o compromisso dela com a família, ou qualquer coisa a que se propõe, são inegociáveis. Embora o foco aqui seja destacar as mulheres que contribuíram para minha jornada, não posso deixar de mencionar meu pai, Dorico, que, com minha mãe, me transmitiu esses mesmos valores. Reconheço que, se cheguei até aqui, foi aplicando esses ensinamentos de compromisso e excelência.

Minha madrinha, Paula, é uma das mulheres mais importantes da minha vida. Ela esteve ao meu lado em inúmeros momentos de angústia, sempre me acolhendo com sua paciência incomparável e presença tranquila. Mesmo sendo reservada, se fez presente em momentos tanto felizes quanto desafiadores. E até hoje, mesmo estando a 500 km de distância, nunca deixou de me apoiar. Paula me encorajou quando ninguém acreditava em mim, defendeu-me em situações de injustiça e ofereceu consolo e orientação quando eu mais precisei. Sou profundamente grata por tê-la em minha vida. Com ela, aprendi a importância de acolher os outros sem julgamentos e de ser cuidadosa em meus relacionamentos.

Minha avó paterna, Valda (*in memoriam*), foi outra mulher de grande força e resiliência. Ela deu à luz 21 filhos e, mesmo perdendo alguns logo após o nascimento, nunca se deixou abater. Após ficar viúva, dedicou-se inteiramente a criar e educar os filhos que sobreviveram, com muita coragem e determinação. Lembro-me das filas de mães que se formavam em frente à sua casa em busca de sua sabedoria e ajuda, principalmente quando seus filhos adoeciam. Sua experiência e disposição para ajudar eram conhecidas por muitas, tanto pelas mães da vila onde morávamos quanto por aquelas que vinham de longe.

Além dos filhos biológicos, minha avó Valda criou filhos adotivos. Ela também trabalhou em uma creche e sempre foi muito ativa na comunidade, participando das atividades da igreja e de grupos da terceira idade. Foi uma mulher respeitada, admirada pelos filhos e por todos que a conheciam. Era uma líder nata, e sua presença transmitia isso sem que precisasse dizer uma palavra. Ela me ensinou muitas lições valiosas, entre elas a importância de compartilhar minhas experiências e conhecimentos com os outros, de saber quando me posicionar, e do poder que o ambiente tem sobre nós.

Outra mulher fundamental na minha vida é minha avó Maria. O que mais admiro nela é sua sensibilidade. Desde que me entendo por gente, percebo sua capacidade incrível de análise e empatia. Ela também teve vários filhos e ajudou a criar netos, estando sempre presente quando necessário. Minha avó Maria foi uma avó carinhosa. Lembro que ela nos visitava com frequência, sempre trazendo docinhos ou balas na bolsa para mim e para meus irmãos. Ao escrever isso, sinto meus olhos se encherem de lágrimas, pois, mesmo aos 90 anos, com seus cabelos brancos como algodão, ela continua atenta aos sentimentos dos outros, lúcida e com uma balinha esperando por nós. Meu desejo é ser para meus netos o que minha avó Maria foi para mim.

Minha sogra, Lonir, é um exemplo de determinação. Ela me ensinou a confiar no meu potencial e a lutar com garra pelos meus objetivos. Dona

Lonir foi fundamental na minha trajetória. Com uma personalidade forte, ela criou seus dois filhos de forma admirável, incluindo o homem com quem divido a vida, meu querido marido, Lincoln, que me apoia e cuida de mim e da nossa filha, Giulia, com muito carinho e dedicação.

Durante minha adolescência, tive amigas que foram verdadeiras irmãs, como diz o versículo de Provérbios 17:17. Entre elas, destaco Fernanda de Oliveira, uma das minhas melhores amigas da época. Lembro com muita alegria do acolhimento caloroso que sempre recebi por parte dela e de sua família. A começar pela avó, a querida "vó Joaninha" (*in memoriam*), uma mulher charmosa e cuidadosa que morava na casa da frente. Toda vez que eu visitava a Fer, fazia questão de passar na casa da vó Joaninha para uma conversa rápida e carinhosa. Era sempre uma delícia ser recebida por ela!

Na mesma família, havia também a tia Soninha (*in memoriam*), uma mulher alegre e cheia de vida, sempre com conversas animadas. Sua presença era contagiante, e estar perto dela era sempre um momento de alegria. E não posso esquecer da Marina, mãe da Fer, uma mulher sábia e caprichosa, professora por profissão, e que com seus conselhos me ensinou muito. Além disso, essa família maravilhosa incluía ainda a Cheila e o Cristiano, irmãos da Fer, o Luck, pai dela, e a "Iaia", a tia.

Todas essas pessoas deixaram uma marca muito positiva em minha vida. Foi com o amor, carinho e acolhimento que recebi dessa família que aprendi que amigos podem ser tão importantes quanto a própria família. E, mais do que isso, aprendi a ser também família para aqueles que, por algum motivo, se sentem sozinhos.

Outra grande amiga da minha adolescência foi Renata Banach Heller, cuja família me acolheu de maneira extremamente amorosa. Com eles, aprendi o verdadeiro valor da união familiar. Tenho um carinho especial por todos, e guardo com muito amor as lembranças das longas conversas com a mãe dela, Celina, e do sorriso inesquecível da irmã Neia (*in memoriam*).

Na fase adulta, outras mulheres também cruzaram meu caminho, acolhendo-me e ensinando-me valiosas lições. Cada uma, à sua maneira, contribuiu para que eu me tornasse a pessoa que sou hoje.

Gostaria de expressar minha gratidão à minha querida filha, Giulia, que, com apenas 10 anos, já me ensina lições profundas todos os dias. Seu coração amoroso, sua empatia inata e seu olhar atento para o mundo ao seu redor são inspirações constantes para mim. Giulia, aprendo com você a importância da sensibilidade, da observação cuidadosa e do carinho em cada gesto. Sou imensamente grata por todos os momentos de aprendizado que compartilhamos e por você ser, tão jovem, uma fonte de sabedoria em minha vida.

Não posso deixar de mencionar Hayde Fernandes, que me apresentou Jesus de uma forma que eu desconhecia e me ajudou a reconhecê-lo como meu único e suficiente Salvador. Agradeço também à Marcielly Dias Villaca Fernandes, uma amiga presente em todos os momentos e uma grande intercessora em minha vida, e à Eliane Barbieri, que me ensinou sobre a importância e o poder da oração.

Quero dedicar algumas palavras à Eliane Jaqueline Debesaitis Metzner, uma das coordenadoras desta obra, que tem sido uma presença fundamental em minha vida pessoal e profissional. Considero-a um verdadeiro presente de Deus, pois ela ajudou a realizar um dos meus sonhos de infância: tornar-me autora de um livro. Admiro-a não apenas como profissional, mas também por ser uma pessoa incrível, com um coração generoso e simples. Jaque, minha eterna gratidão, carinho e admiração por você!

Ao longo da minha jornada, muitas mulheres foram grandes inspirações, e citei algumas delas aqui. No entanto, também enfrentei decepções causadas por atitudes de competitividade, inveja, julgamento, rejeição e deslealdade. Algumas dessas decepções vieram de pessoas muito próximas, o que trouxe dor e desafios emocionais.

Nos últimos dois anos, como coordenadora do ACIC Mulher, vivi intensamente tanto desafios quanto momentos de colaboração entre mulheres.

Ao ingressar no grupo, fui acolhida pelas coordenadoras da época, Maria Carolina Gurgacz e Joseane Conrado, um gesto que teve impacto significativo na minha trajetória.

Conheci empresárias com histórias inspiradoras, como Susana Gasparovic Kasprzak, que foi a prefaciadora da primeira edição do nosso livro, Margarida Domingues Carneiro e Marizete Cardoso Fernandes. Essas mulheres, além de terem se tornado grandes inspirações para mim, se tornaram amigas que sempre reconheceram meu trabalho e me encorajaram a prosseguir. Minha gratidão e carinho a vocês.

Tive o privilégio de liderar esse grupo, não apenas orientando e promovendo o desenvolvimento das atividades do grupo, mas também incentivando mulheres a crescerem em seus negócios. Quero destacar minha amiga Daiana Lopes, que se uniu ao núcleo em um momento desafiador de sua carreira. Acompanhar de perto o crescimento de sua agência de marketing, a ADScelera, que hoje está em pleno desenvolvimento, foi uma grande satisfação. Da mesma forma, tive a oportunidade de apoiar tantas outras mulheres que cruzaram meu caminho, e poder contribuir para o sucesso delas me traz orgulho e alegria.

Nossa convivência no grupo, que tem como objetivo promover a união e o apoio mútuo, também trouxe desafios que testaram minha resiliência.

Contudo, essas situações fortaleceram minha crença no poder da colaboração feminina.

Meu trabalho como consultora e treinadora na área de gestão de pessoas tem me dado a oportunidade de olhar para as mulheres com atenção especial. Esse trabalho faz crescer em mim o desejo de compartilhar o que sei e de continuar me capacitando a cada dia, com o propósito de contribuir para o desenvolvimento de cada mulher que encontrar.

Acredito profundamente no poder de despertar nelas a confiança e a capacidade de ocupar seus lugares na sociedade com segurança e propósito.

Sou imensamente grata a Deus por todas as mulheres que passaram pela minha vida. Além das que mencionei, há tantas outras - tias, primas, vizinhas, amigas, colegas de trabalho, líderes, professoras - que, cada uma à sua maneira, contribuíram para minha jornada e sou muito grata a cada uma delas.

Acredito que, por meio do meu trabalho, posso retribuir e continuar impactando a vida de outras mulheres, inspirando-as a alcançar seus sonhos e a acreditar no seu valor, compartilhando experiências e conhecimentos que possam ajudá-las em suas jornadas e fortalecer nossa conexão como sororidade.

Convido todas as leitoras a se inspirarem na música *Sonda-me*, de Aline Barros, que nos lembra da importância de sermos luz, ponte e abrigo na vida das pessoas. Que possamos impactar positivamente outras mulheres, oferecendo apoio em momentos difíceis e sendo fonte de inspiração.

Estejamos sempre prontas para agir com propósito, deixando uma marca duradoura com nossas ações.

CAPÍTULO 2

Construindo oportunidades em um mundo de escolhas

Com sonhos e um propósito, e especialmente a presença do Deus das bênçãos, tenho a escolha de seguir ou permanecer, e aprendi que cada opção define o resultado. Da origem simples a conquistas no cooperativismo financeiro, trilhei minha trajetória com resiliência, transformando adversidades em oportunidades. Das muitas mulheres que fizeram parte desta jornada, cada uma deixou um pouco de si e levou um pouco de mim, em uma verdadeira sororidade.

Eliane Jaqueline Debesaitis Metzner

ELIANE JAQUELINE DEBESAITIS METZNER

Casada com o Paulo, mãe do Érico e do Artur, escritora, instrutora do mercado financeiro e empresária. Planejadora financeira CFP® pelo IBCPF/Planejar, Educadora Financeira CFEd® pela Empreender Dinheiro. Certificações Anbima CPA20 e CEA. Graduada em Direito, com MBAs nas áreas de negócios e finanças. Possui formação em Psicologia Econômica e Arquitetura de Escolhas pela B3. Coach Financeira Executiva e Master Coach pela International School of Coaching (Flórida, EUA). Mentora organizacional. Instrutora de cursos preparatórios para certificações Anbima, educação financeira e negócios de cooperativas financeiras. Fornecedora de conteúdos *e-learning* para sistemas cooperativos. Associada da Associação de Profissionais Planejadores, Orientadores e Educadores em Finanças (APPOEF). Fundadora da Finanças na Prática.

Contatos: www.financasnapratica.com
eliane_metzn@financasnapratica.com
Instagram: @jaquemetzner
LinkedIn: Eliane Jaqueline Debesaitis Metzner

Não posso controlar o que os outros pensam ou falam sobre mim, mas posso decidir o que fazer com isso e como isso me afeta. Sempre temos duas escolhas: reagir ou proagir. Eu escolhi construir minha história com os caminhos que Deus me dá e as escolhas que faço ao longo deles. Nunca foi fácil, mas, na maioria das vezes, fiquei bem satisfeita com os resultados.

“Ela nunca vai ser ninguém na vida desse jeito”. Ouvi meu tio falar isso para minha mãe quando tinha 15 anos, em cima de um pé de pitanga, enquanto aguardava os terneiros pastarem. Terneiro não é um lugar para guardar ternos, como alguns anos mais tarde brincou meu colega Nauder em uma viagem a trabalho, em que eu, Meg, ele e Márcio fazíamos produtivas reuniões enquanto nos deslocávamos para as cooperativas, fazendo até 1.000 km em um único dia. Mas, enfim, terneiros são uma forma regional de se referir a bezerros com idade de até um ano! Nessa idade, as meninas se arrumam, usam seu tempo cuidando da beleza, estudando ou se divertindo em atividades esportivas. Mas eu sonhava alto, literalmente!

Até os 21 anos, trabalhei com meus pais na agricultura familiar. Depois, ingressei no cooperativismo de crédito, no qual permaneci por mais 21 anos. Foi dessa vivência que nasceu a Finanças na Prática, uma empresa de treinamentos voltada ao mercado financeiro cooperativo, uma necessidade que identifiquei a partir das constatações sobre a preparação dos funcionários quando estive na gestão.

Minha adolescência teve um intervalo de cinco anos sem estudar para ajudar meus pais na lavoura. Quando voltei a estudar, não parei mais. Sou curiosa por natureza e defensora incansável do conhecimento, seja formal, seja por cursos e certificações, ou com os aprendizados do cotidiano.

Você já ouviu a frase: "Você é a média das cinco pessoas com quem mais convive"? Eu nunca gostei dela. Uma vez, num estudo bíblico, Eliza, esposa do Pastor Nestor, comentou: "Quem pensa assim está perdendo uma grande chance de influenciar outras pessoas e trazê-las para o que realmente importa". Eu me identifico com a reflexão e acrescento: quem não vê a sabedoria das pessoas simples perde a oportunidade de ser um bom "aprendedor". Claro, há amizades que não nos levam a lugar nenhum e não precisam ser cultivadas, mas a sabedoria popular, aquela das pessoas que transformam o mundo mesmo sem estudo, é valiosa. Meu pai, Nelson, por exemplo, com 80 anos e só a quarta série do ensino primário, é uma dessas fontes de sabedoria que me inspiram diariamente.

Nos meus 21 anos no cooperativismo de crédito e mais dez como instrutora, aprendi a entender de gente e a desenvolver negócios por meio da excelência das pessoas. Descobri a importância de fazer perguntas certas e direcionadas, e a ouvir verdadeiramente, para identificar e gerar oportunidades. Também desaprendi a guardar opinião e, talvez por isso, me chamem de "supersincera". Talvez por ter crescido em uma família com cinco mulheres (nossa mãe, eu e três irmãs), em que falávamos sobre tudo entre nós, e, claro, com uma dose de competição enquanto trabalhávamos duro na lavoura ou na casa, a conversa e as risadas eram o tempero ideal para um dia intenso, produtivo e alegre. A sororidade já se fazia presente nessa época, entre nós.

A menina que amava subir nos pés de pitanga, especialmente em dias de vento forte, aprendeu a buscar a emoção da vida numa rotina nada convencional. Minha maior satisfação sempre foi estar perto das pessoas, entendendo seus objetivos e ajudando na sua evolução.

Hoje, desenvolvo pessoas e negócios por todo o Brasil. Recentemente, eu, meu marido e nosso filho Artur voltamos à nossa cidade natal para estar mais próximos dos nossos pais e aproveitar os momentos em família. A internet e o aeroporto próximo nos permitem essa flexibilidade. Claro que há sacrifícios, mas as vantagens superam, e o saldo é recompensador.

Se minha carreira no mercado financeiro é bem-sucedida e posso me orgulhar das conquistas como executiva, instrutora, escritora e mentora, é porque essa estrutura foi construída com muitas mãos. O que seria de mim sem o apoio do meu marido e as orações da minha mãe, especialmente nas longas e solitárias viagens, muitas vezes dirigindo à noite por estradas perigosas ou voando para regiões distantes do Brasil?

Dos pés de pitanga eu enxerguei o mundo. E, todos os dias, continuo buscando meu espaço com respeito e amor por todos os que fazem parte dessa jornada.

O empreendedorismo em suas várias formas

Em 1993, eu havia retomado os estudos há pouco mais de um ano e sonhava em trabalhar na cidade. Uma manhã, enquanto me preparava para ir à escola, ouvi um anúncio no rádio: uma oportunidade de trabalho no Sicredi Noroeste RS. Fiz a inscrição e os testes e fui selecionada entre 503 candidatos para uma das três vagas disponíveis. Nos três primeiros anos, passei por várias funções: comecei como caixa, cobri férias dos colegas, aprendi a operar o terminal eletrônico e até treinei outros colaboradores. Em dois anos, fui promovida a gerente de agência.

O empreendedorismo corporativo de uma jovem determinada a aprender começou a florescer. E na cooperativa conheci o Paulo. Três anos depois, ele recebeu um convite para trabalhar em Cuiabá (MT), nos casamos e mudamos para a nova cidade.

Em Cuiabá, no ano de 1996, assumi a função de atendimento na Cooperativa Unicred MT, que na época tinha apenas 350 cooperados, quatro colaboradores e uma única agência. No início, o trabalho envolvia a reestruturação da carteira de crédito e a prospecção de novos cooperados, batendo de porta em porta nos consultórios médicos sob o calor escaldante da cidade grande, um ambiente ao qual eu ainda estava me adaptando.

Durante nove anos, participei do crescimento da cooperativa, criei projetos, como o Unicap, inspirada em um programa da cooperativa em que eu trabalhava no Rio Grande do Sul, e formei um time de assessores para atendimento de cooperados de alta renda. Em 2004, li sobre uma certificação recém-criada no mercado financeiro, a CPA-10. Na época, não recebi apoio para fazer o exame, mas estudei sozinha e fui a São Paulo para realizar a prova. Passei e fiquei tão animada que comecei a estudar para a certificação seguinte, a CPA-20. Dessa vez, meu gestor me deu apoio financeiro para a inscrição e a passagem de ida, mas deixou claro: "Se não passar, você já sabe, não volta...". Estudei, passei e comecei a treinar meus colegas, que adotaram a ideia. Desde então, as certificações se tornaram uma prática comum na Unicred, até entre os membros dos conselhos de administração e fiscal, e hoje são parte da cultura, inclusive entre os associados que almejam integrar os conselhos.

Em 2005, nosso filho Érico adoeceu, e não sabíamos o que ele tinha. Três anos antes, havíamos perdido nossa filha Júlia para uma encefalite viral, que a levou de forma rápida e devastadora em apenas quatro dias. Na época, eu estava em Rondonópolis (MT), trabalhando no desenvolvimento de uma agência recém-inaugurada. Pedi demissão para cuidar de Érico e, com a bênção de Deus, ele se recuperou em poucos dias.

No mês seguinte, fui convidada a retornar ao Sicredi, dessa vez na Central Centro Norte, onde assumi a gestão da equipe de desenvolvimento, apoiando regionais e assessores das cooperativas. Eu amava trabalhar ali, especialmente pelas ricas trocas de ideias com os gestores e colegas, especialmente a Margareth Facirolli, gerente de gestão de pessoas e mentora nata, com trocas extremamente agregadoras. Cada reunião de projeto era uma oportunidade de transformar o mundo. Que privilégio foi conviver com mentes tão brilhantes! Durante esse período, lancei meu primeiro livro, *Finanças na prática*.

Em 2012, a Sicredi Ouro Verde me convidou para assumir a regional de Cuiabá. Dois anos depois, em uma transição cuidadosamente planejada, fundei a empresa Finanças na Prática, com o mesmo nome do meu primeiro livro, focada no cooperativismo financeiro e no treinamento de profissionais para desempenharem suas funções com excelência. Além disso, dediquei-me à minha outra paixão: a educação financeira. Nessa época, meu marido e nosso filho Érico se juntaram à empresa, não apenas como sócios, mas também como executivos e criadores de conteúdo. Érico, já com dois livros publicados, se tornou palestrante internacional aos 14 anos.

Em 2019, fomos prospectados via LinkedIn por uma empresa de auditoria de meios de pagamento. A proposta parecia incrível: um plano de negócios bem estruturado, promessas de suporte e números consistentes. Fomos até a cidade-sede, em São Paulo, onde conhecemos o modelo de negócios, conversamos com dois franqueados e clientes. Tudo indicava que era um negócio inovador, resolvendo uma dor do mercado. Animados, adquirimos a franquia e começamos a trabalhar.

No entanto, as coisas não saíram como esperado. Apesar de todo o esforço, os resultados eram poucos. Conversando com outros franqueados, muitos enfrentavam os mesmos desafios: lacunas em funcionalidades e suporte, e, além de tudo, a pandemia impactava severamente as receitas dos potenciais clientes. Trabalhamos por um ano sem resultados, e as perspectivas não eram boas. Como podemos escolher permanecer nesse ambiente ou declinar, tentamos uma rescisão amigável, que acabou acontecendo judicialmente.

Toda história tem três lados: as duas partes carregadas de seus sentimentos e frustrações e a história como ela realmente é. Olhando para trás, acredito que o fato de não termos obtido êxito tinha um propósito. Minha sogra, Dona Hulda, uma sábia mulher que sempre tem uma palavra de incentivo e bondade, nos trouxe a reflexão com um versículo bíblico: "E sabemos que todas as coisas contribuem para o bem daqueles que amam a Deus, daqueles que são chamados segundo o seu propósito" (Romanos

8:28). Temos o Deus das bênçãos, e Ele nos proporciona as bênçãos e os livramentos de que precisamos.

Dizem que quem nunca teve um negócio fracassado é porque não se arriscou o suficiente. Perdemos algum dinheiro e parte de nossa ingenuidade, mas ganhamos sabedoria. Aprendemos que nem tudo que reluz é ouro, e que, quando uma porta se fecha, outras janelas se abrem.

Depois dessa experiência, voltamos a focar exclusivamente na nossa área de especialidade: cursos de Ensino a Distância (EAD) para sistemas cooperativos, treinamentos presenciais e online ao vivo para equipes, sempre buscando contribuir para o aperfeiçoamento do cooperativismo.

Em 2022, me inscrevi no Prêmio Sebrae Mulher de Negócios e conquistei o primeiro lugar na categoria Pequenos Negócios, etapa regional – Mato Grosso. Isso se deve não apenas aos treinamentos que oferecemos, mas também ao trabalho voluntário de educação financeira que desenvolvo junto a diversos grupos pelo Brasil. Acredito que doar é um dos atos mais nobres do ser humano, especialmente quando se trata de compartilhar conhecimento, sonhos e atitudes que podem transformar vidas.

Nesse caminho, tive o privilégio de contar com o apoio de mulheres incríveis, como as da BPW – Associação de Mulheres de Negócios de Cuiabá, um grupo com forte vínculo de apoio mútuo. Com elas, escrevi um dos livros de coautoria, *Juntas brilhamos mais*, e nossas histórias se entrelaçaram de forma definitiva.

Nesse mesmo ano, fui convidada a assumir a diretoria de mercado do Sicoob, em uma cooperativa de grande porte, Sicoob Credicapital, que enfrentava os desafios de uma rápida expansão, somada aos impactos do pós-pandemia. Meu trabalho, ao lado dos demais diretores, foi reestruturar políticas de crédito, investimentos e o modelo comercial, praticamente "reformando o avião em pleno voo".

Em Cascavel (PR), passei a integrar o Núcleo Mulher da Associação Comercial, onde encontrei acolhimento e espaço para novos projetos, como o livro *A voz da sororidade*, que já está em seu segundo volume, agora com abrangência nacional. No primeiro volume, compartilhei a ideia com Joseane Conrado, Maria Carolina Gurgacz e Daiane Rosseto, três mulheres brilhantes e engajadas nos movimentos femininos, sempre dispostas a abraçar projetos audaciosos.

Na diretoria, foram dois anos de grande aprendizado, um novo olhar sobre o cooperativismo, com o desafio de direcionar pessoas e negócios. Apesar de amar o que fazia e poder contribuir para a vida de colaboradores, cooperados e sociedade, minha missão na diretoria executiva estava cumprida; era hora de seguir adiante.

Nos mudamos para Três de Maio (RS), onde nossos pais e boa parte da família residem. Voltamos ao clã, a reunir a grande família no almoço de domingo, dar suporte e poder contar com eles. Nunca tivemos uma rede de apoio familiar e agora a temos, além da convivência e do amor mútuo.

Construímos uma estrutura onde podemos usufruir do que conquistamos e continuar contribuindo para o desenvolvimento das pessoas e da sociedade. Com os programas online, as parcerias e a proximidade do aeroporto de Santo Ângelo (RS), posso continuar impactando o cooperativismo financeiro no Brasil de maneira ainda mais significativa.

Tenho como guia a parábola dos talentos: Deus nos proporciona oportunidades. Concluo fazendo um convite: que você reconheça os talentos que recebeu, enfrente os desafios com coragem e transforme cada oportunidade em uma conquista significativa. Afinal, a vida é uma jornada de crescimento, e cada escolha é uma chance de multiplicar o que há de melhor em nós.

CAPÍTULO 3

Transformar o mundo começa de dentro

Descobertas e propósitos de uma mulher empreendedora

Minha trajetória, desde professora do ensino básico até educadora corporativa, foi marcada por três elementos essenciais: incentivo, apoio e networking. O incentivo vem daqueles que amamos, o apoio surge das pessoas que encontramos pelo caminho, e estar cercada por uma boa rede de contatos torna a jornada mais leve. Neste capítulo, convido você a refletir sobre o poder dessas "vozes" de apoio, que nos impulsionam a ir além do que imaginamos ser possível.

Adriana Cruz

ADRIANA CRUZ

Pedagoga, formada pela Universidade Estadual de Londrina (UEL) e pós-graduada em Metodologia do Ensino Superior pela mesma instituição. Instrutora de Treinamentos Comportamentais pelo Instituto Dale Carnegie de Nova York. Fundadora da Plus Capacitação – empresa de desenvolvimento comportamental, construindo programas de crescimento *in company* e totalmente personalizados à realidade de cada empresa. Educadora comportamental há 28 anos. Especialista em oratória, negociação, vendas, liderança e administração de tempo. Atuação com capacitações em multinacionais em todo o território brasileiro e na América Latina, já tendo treinado milhares de participantes. Atua na equipe de Conselheira do Conselho Nacional da Mulher Empreendedora e da Cultura (CMEC), dentro da Associação Comercial de Sorocaba, da qual é associada ativa há mais de 10 anos. Idealizadora do Ela em Cena, clube de assinatura para a mulher que empreende, preparando e desenvolvendo a mulher que já empreende ou que pretende iniciar sua jornada no empreendedorismo.

Contatos: Instagram: @pluscapacitacao, @elaemcena
Facebook: Plus Capacitação, Ela em Cena
LinkedIn: Plus Capacitação

Toda vez que acontece alguma coisa importante na minha vida, está ventando!

Esta frase, do livro *Ana Terra*, de Érico Veríssimo, significa muito para mim. Penso que foi aí que tudo começou.

Começou o quê?

Ana Terra começou a direcionar minha vida!

Com essa frase, começou a minha descoberta da importância de sermos perceptivos em tudo o que nos acontece. Perceber isso me fez ver o que nem todo mundo percebe, então eu poderia repassar essa mensagem para frente. Meio doido, mas foi assim que desabrochou minha vocação de compartilhar, de ensinar! Uma frase do livro *Ana Terra*, uma forte mulher me entregando uma forte mensagem… e a mágica aconteceu. E não é assim, nas sutilezas, que as mensagens surgem? Nesse caso, a sutileza me chegou lá aos 17 anos – época em que li esse livro –, o que me fez reconhecer meu propósito de vida.

Olha, mas cheguei a essa conclusão muito mais tarde, muito mesmo! Reconhecer nosso propósito, nossa vocação, nem sempre é fácil; às vezes confundimos a missão com algo prazeroso, que a gente só gosta de fazer, se sente bem, mas, daí a ser uma missão, são outros quinhentos!

Minha mãe, Judith, professora dedicada, foi minha primeira mentora. Eu a acompanhava nas salas de aula, não por opção, mas, como era criança, não podia ficar sozinha em casa, então onde ela ia eu estava lá, e, olha, fui me encantando com a força que é o multiplicar conhecimento. Eu pegava só a parte boa da profissão, que era a entrega do conhecimento. A parte da rentabilidade financeira fui descobrir muito mais tarde, mas fiquemos com a parte boa do magistério, pelo menos por enquanto, ok?

Não era de se admirar o que iria acontecer no futuro. Chegou a hora de escolher minha profissão e eu só queria saber de uma coisa: ensinar. Só depois (muito tempo depois) descobri que existe uma gama enorme de formas de ensinar, de multiplicar conhecimento, mas lidei com as informações que eu tinha e a informação era relacionada ao magistério. O que eu conseguia enxergar de profissão era apenas dar aula em sala de aula, e assim foi meu começo na descoberta do meu propósito.

Você já deve ter ouvido que o que você procura também procura você, e isso aconteceu exatamente comigo. Sempre quis contribuir para muitas pessoas, e com isso me deparava com situações em que sempre eu estava envolvida em grupos. Grupos variados de profissão, cursos e palestras de que participava – realmente, no começo somente participava, mas em todos esses encontros nunca conseguia ficar só como ouvinte. Sendo sincera, nunca me vi fazendo palestras, falando em pé na frente de grupos grandes; a minha visão sempre foi de "como posso contribuir para essas pessoas", e foi assim que fui sentindo que meu propósito era compartilhar.

Você deve imaginar que, com esse propósito em mente, compartilhar e dar aula é uma combinação perfeita. Sim e não. Sim porque estão relacionados e não porque o que eu queria era não só compartilhar, mas também transformar. Aí que a ousadia entrou em jogo.

Estávamos todos almoçando, todos chegávamos do trabalho e no almoço, muito mais do que o alimento, era hora de contar como estava sendo o dia de cada um, numa época em que íamos almoçar em casa e havia tempo para isso. E eu, recém-formada, encontrando os meus primeiros obstáculos de querer transformar o mundo em que vivia, ouvi uma frase reveladora: "Filha, a vida é assim! Você não vai conseguir mudar o mundo".

Você pode pensar que essa frase foi negativa; como é que ela me ajudou? Essa frase chegou para mim me revelando o caminho. Primeiro que ela veio de alguém que honro muitíssimo, minha mãe, uma pessoa intensa e entusiasta, e na hora senti o poder dessa fala. Ela foi uma mola propulsora que me levou a uma mudança de chave. Quando ouvi, na hora me veio uma resposta: "Verdade, mãe, posso não mudar o mundo todo de uma vez, mas o mundo ao meu redor, esse eu posso e vou mudar". Pronto: o caminho me foi revelado. Começaria pela mudança do meu mundo.

Este é praticamente um mantra para mim: **O meu mundo eu posso mudar... o meu mundo eu posso transformar...**

Levantei-me daquele almoço não irritada, mas ainda mais determinada. Encontrei um foco, que era mudar por onde eu passava e então eu teria que passar por vários lugares, bem além de onde era minha zona de conforto.

E avancei no magistério sempre criando formas de compartilhar; a criatividade e a inovação eram minhas companheiras em sala e logo avancei um pouco mais e comecei dando aula no ensino superior. Dar aula na universidade, aos 25 anos, foi um impacto gigantesco. Não só para mim, mas também para muitas pessoas ao meu redor.

Logo percebi e senti que crescer tem muitos desafios, entre eles lidar com pessoas que nos cercam. Foi uma época em que entendi a importância de me blindar de julgamentos, especialmente dos julgamentos internos.

Avançar é quebrar barreiras, quebrar amarras. Encontrei uma grande amarra em relação ao julgamento da idade *versus* competência, aliás, por começar cedo no meu propósito, enfrentei esse obstáculo por muito tempo. E como me libertei? Quando passei a olhar para o meu propósito e não para os obstáculos! Quando passei a me unir com pessoas que compartilhavam objetivos semelhantes aos meus. Não digo que é fácil, mas é simples, uma vez que simples e fácil realmente não são sinônimos. Mas o ambiente que passei a frequentar fortaleceu minha caminhada.

Outro crescimento gigantesco foi dar aula na Universidade Estadual de Londrina (UEL), uma instituição pela qual tenho imenso carinho, onde me formei e também passei pela etapa da docência. Hoje, vejo o quanto significou para mim mudar a chave mental, conectar esse plugue. O ambiente me mudou, e hoje, olhando para trás, vejo a força da ambiência em nossas vidas. Onde você está, com quem você conversa, assuntos que você conversa, compartilhar propósitos e compartilhar caminhadas para esse propósito fez toda a diferença, e aprendi imensamente como docente da UEL.

Já tinha avançado bons degraus dentro do meu foco e estava dentro de um universo cômodo. O magistério é uma profissão que tem vários desafios, mas empreender mexe com cada célula de nossa existência; é uma renovação de DNA que fazemos quando entramos nesse cenário, um cenário onde o resultado depende única e exclusivamente de nós. O sucesso e o fracasso têm o mesmo responsável: *nós mesmos*.

Não há espaço para atribuir a culpa a alguém, não há espaço para gerar uma dependência de alguém. Empreender é ousadia em movimento. E foi assim, cheia de propósitos, cheia de certeza e também cercada de dúvidas que segui. Já casada, nessa época, a caminhada ao empreender não teve somente flores no caminho. Mas sempre teve um caminho, e como diz Nuno Cobra, no livro *Sementes da vitória*, as cinco letras mágicas são *F A Z E R*! Descobri que, quando fazemos, o caminho vai se abrindo, é *fazer e fazer*…

Hoje, quando falamos em treinamentos comportamentais, esse é um conceito conhecido e entendido por muitos. Quem empreende ou mesmo atua em excelentes empresas sabe que esse não é *um* caminho, mas sim o caminho para o crescimento. Mas eu convido você a virar as páginas do seu calendário; vai ter de virar muitas páginas, porque estou falando de 25 a 30 anos atrás. Esse tema, ou seja, esse caminho, era uma loucura.

Quem em sã consciência vai viver a vida dando treinamento comportamental? Quem vai querer fazer treinamento de comunicação, de superação da timidez, de liderança? Naquela época, o que estava em alta era ser um bom chefe.

Você sabia que o termo "liderança" foi incluído no dicionário *Michaelis* em sua edição de 1998? Isso não é muito tempo; ainda hoje encontramos muitas pessoas em cargos de liderança que são verdadeiros chefes, focam muito em processos e pouquíssimo em pessoas, não têm as habilidades para esse equilíbrio.

Pois bem, se hoje esses temas são mais comuns, mesmo que muitos ainda não dominem as habilidades comportamentais, há tempos esse tema era incompreensível e poucos o faziam, pois era uma dominância masculina.

Aí estava eu, nesse cenário. Formei-me por uma empresa de desenvolvimento comportamental americana, ainda bem jovem. Aliás, meu encontro nessa empresa foi por uma fome de habilidade de comportamentos diferenciados: eu queria habilidades novas, precisava aprender a vender, para aplicar no empreendedorismo, e nós só sentimos fome quando a barriga está vazia, não é? E no meu caminho de empreender eu estava vazia das habilidades certas para o sucesso. Foi meu primeiro encontro com o desenvolvimento comportamental: quando vi as habilidades que nos levam ao sucesso, eu disse, melhor dizendo... gritei internamente... *encontrei* o que precisava e encontrei o que quero multiplicar!

Entre encontrar e se apropriar, descobri que existe uma distância. Mas não pensei nos obstáculos, apenas fui. Lembra das letras mágicas que mencionei antes? *F a z e r*... só fui e fui fazendo, etapa por etapa.

Nesse período, eu e meu esposo estávamos juntos no empreendedorismo e conhecendo todos os desafios para os quais não estávamos preparados. O aprendizado pode vir de forma tranquila, mas às vezes vem na dor. E está tudo bem, desde que aprendamos com ele; o problema é quando não se aprende, daí a repetição vai aparecendo na vida. Mas aprendemos e, como mencionei, corri para descobrir o caminho e, nessa corrida, descobri que o caminho para um problema pontual era na verdade o encontro com meu propósito de vida.

Mergulhar nessa descoberta me tirou o fôlego muitas vezes. Ministrar treinamentos de liderança, entregar técnicas de oratória e desenvolver as técnicas de negociação, numa época em que esses conteúdos eram restritos a um universo masculino e de idade mais madura, era um teste à minha resiliência.

Esse fôlego me foi tirado muitas vezes, confesso.

As barreiras nesse caminho às vezes são invisíveis, mas as consequências não são nem um pouco.

Tive a sorte de conhecer cedo vários obstáculos que um empreendedor pode imaginar. E digo sorte porque, quanto mais cedo lidamos com as barreiras, mais breve ficamos fortalecidos.

Fortalecimento e sucesso não chegam juntos nas nossas vidas. O fortalecimento gosta de tempo para se solidificar em nossas vidas; às vezes, ele fica na dúvida se criou raiz ou não e nos entrega outras situações, para garantir que está enraizado e não será arrancado facilmente.

Saí de um modelo de empreender (franquia) para um modelo único. Abri a Plus Capacitação.

Já com duas filhas, Júlia e Sophia, tive uma grande surpresa. No auge de uma agenda de compromissos intensa, estava chegando meu terceiro filho, Renan. E quando o Renan estava com 11 dias, já precisei estar em pé, dando treinamento numa empresa. Quando conto isso, alguns me olham com espanto, talvez até com julgamento, mas empreender é também um golpe de decisões frequentes. Com três filhos e mantendo-me firme na decisão de entregar treinamentos e com a ousadia de fazer isso no Brasil todo, ter filhos nunca foi um empecilho, mas sempre uma motivação para seguir esse querer.

Essa etapa de realizar treinamentos em outros estados também foi uma decisão estratégica. E essa estratégia veio quando chegou minha segunda filha, um dia em que também estava ventando bastante (sempre nas situações importantes!). Com a chegada da Sophia, senti que precisava fazer diferente, porque agora eram duas crianças; em vez de me retrair, a decisão foi expandir. Nadei contra a corrente nesse sentido, mas o que eu e meu esposo descobrimos é que no contrafluxo a concorrência é menor, e foi assim que fiz!

Mergulhei no contrafluxo e, em vez de divulgar que faço treinamentos somente na minha região, comecei a divulgar que poderia ministrá-los em todos os estados do Brasil. Dessa forma, pessoas de regiões mais distantes em relação ao estado em que eu moro (São Paulo), onde a presença de profissionais fazendo o que faço é menor, começaram a me encontrar e eu comecei a encontrá-los. Lembre-se de que o período do qual estou falando é anterior ao fortalecimento das redes sociais, cenário superdiferente dos dias de hoje!

Algo que sempre mexeu comigo era ver que mulheres formidáveis, muitas delas com negócios incríveis, não tinham acesso às informações que são entregues a quem investe alto. Isso me moveu a sempre participar de grupos de mulheres, apoiando e entregando os conteúdos que entrego nas empresas.

Com a voz da sororidade se fazendo presente, também idealizei um clube de assinatura para mulheres que empreendem e que precisam saber quais os caminhos a seguir para ter crescimento na carreira. Hoje existe o Ela em Cena, 100% digital e com pilares fortes para unir e preparar nas áreas específicas para o sucesso.

Acreditar que uma mulher ajuda a outra, formando uma corrente de franco crescimento, passou a ser uma missão pra mim, e a vida foi se abrindo nesse caminho. Agora, lendo este livro, tenho certeza de que você ajudará e apoiará mais e mais mulheres, a partir de sua história e de seu exemplo, a serem o que elas merecem ser: protagonistas de sua história de vida.

CAPÍTULO 4

Ressignificando minha história

Fé e propósito em movimento

Sou uma mulher de fé inabalável, apaixonada pelos meus filhos, difusora do cooperativismo e do empreendedorismo. Minha história, marcada por superação, perdas e conquistas, sempre me levou a acreditar que meu propósito é inspirar e ajudar outras pessoas. Acredito que, com resiliência, dedicação e fé, podemos ser protagonistas da nossa história e deixar um legado significativo.

Aline Tschá

ALINE TSCHÁ

Graduada em Ciências Contábeis pela Universidade Federal de Mato Grosso (UFMT), com especializações em Gestão de Cooperativas pela Fundação Getulio Vargas (FGV) e Gestão de Pessoas pela Faculdade IBG. Com mais de 20 anos de atuação no Empreendedorismo e Cooperativismo de Crédito, atualmente é gerente de agência no Sicoob, em Primavera do Leste (MT). Mãe dedicada e guiada por uma fé inabalável, equilibra suas responsabilidades profissionais e pessoais com propósito e resiliência. Apaixonada por desenvolver pessoas e promover resultados sustentáveis por meio de uma liderança humanizada e colaborativa.

Contatos: alinetscha@hotmail.com
Instagram: aline_tscha
LinkedIn: Aline Tscha
66 99999 5991

Sempre passava pela minha mente o pensamento de que minha história daria para escrever um livro. Quando recebi o convite para esta coautoria, fiquei muito feliz. O que eu não imaginava é que minha história carregava um grande propósito de ajudar outras mulheres.

Sou Aline Tschá, mãe do José Vitor e da Maria Julia, uma pessoa de fé inabalável, apaixonada pela vida, difusora do cooperativismo e do empreendedorismo.

Nasci em São Lourenço do Oeste (SC), cresci e fui criada em Itiquira (MT). Meu pai era agricultor e minha mãe era professora na escola rural. Tive pais muitos presentes na minha vida: meu pai ia para a lavoura à noite e cuidava de mim e do meu irmão durante o dia, enquanto minha mãe dava aulas. Minha mãe, a primeira mulher da minha vida, juntamente com meu pai, me ensinou os primeiros passos e o verdadeiro amor.

Todo o meu ciclo escolar foi na Escola Estadual Dom Aquino Corrêa, onde tive professores que contribuíram para minha formação. Lembro-me da professora Helena, cuja dedicação, carinho e atenção aos alunos marcaram minha vida. Com seus recados de incentivo, nos sentíamos especiais.

Já nesse tempo, participava da igreja, ajudando na liturgia, na catequese e nos retiros. Para contribuir com a renda familiar, vendia geladinhos e hortaliças em um carrinho de mão. Com o tempo, passei a vender produtos de catálogos e revistas, que eram populares na época.

Fiz um curso de pintura em tecido e comecei a vender panos de prato e toalhas pintadas por mim, com crochê feito pela minha mãe. Nesse curso, conheci minha amiga Lídia, que me mostrou o valor da verdadeira amizade. Esse período foi difícil para mim, pois eu sofria com problemas de acne e tinha vergonha. Lídia foi essencial nesse processo de autoaceitação.

Logo depois, passei a vender roupas em domicílio para uma loja e depois fui convidada a ser vendedora interna, aos 16 anos. Acredito que foi daí que veio minha paixão por vendas, assim como ter aprendido desde cedo a importância de fazer tudo com amor, dedicação e dar o meu melhor. Trabalhar na loja despertou em mim um grande sonho: ser dona da minha própria loja.

Após concluir o ensino médio, fui aprovada para o curso de Ciências Contábeis na Universidade Federal de Mato Grosso (UFMT), em Rondonópolis. Não havia faculdade na minha cidade. No primeiro ano, morei na casa da professora Vilma, que me ensinou a lutar pelos sonhos, por mais difícil que fosse a realidade, e que podemos alcançar mais quando lutamos por nossos ideais.

No segundo ano, meu pai comprou uma pequena casa, sem muros e com vidros quebrados, mas que representou uma grande conquista: meu próprio lar. Dividi o espaço com duas amigas. Por cerca de três anos nessa casa, enfrentei desafios financeiros, solidão e medos. Embora nunca tenha passado fome, não tinha dinheiro para comprar nem sequer um lanche ou um sorvete.

Nesse período, tive apoio de uma família vizinha. Dona Tânia me tratou como filha e cuidou de mim com todo o carinho. Convivi com seus filhos, Dalva, Zeca e Vanessa. Eu e Dalva éramos como irmãs, compartilhando momentos felizes, como as tardes tomando tereré, as noites jogando bozó, as comidas do Seu Pelé e as caminhadas até a Exposul.

Durante a faculdade, participei de várias atividades. Estudava pela manhã e nos outros turnos participava de cursos, seminários, semanas acadêmicas e palestras, aproveitando ao máximo cada oportunidade de aprendizado. No segundo ano, consegui uma bolsa de estágio.

Participei de um curso de Serviço Civil Voluntário, que atuava em áreas carentes da cidade, e conquistei uma vaga de estágio na Prefeitura Municipal de Rondonópolis, no Setor de Contratos. Lá conheci Dona Célia (Celinha), minha gestora, uma mulher de energia incrível, que me ensinou a importância de ser uma profissional responsável, ética e de cultivar boas relações com os colegas. Graças a ela entendi que, quando trabalhamos com amor, tudo se torna mais fácil.

Muitas vezes, tive que voltar do trabalho a pé por falta de dinheiro para o ônibus. Além disso, minha timidez era uma barreira; eu falava baixo e tinha vergonha das acnes no rosto, das quais carrego as cicatrizes até hoje. Um dia, um dos secretários, de forma grosseira, me disse para "tirar o ovo da boca antes de falar". Naquele dia, apesar de arrasada, decidi que falaria olhando para as pessoas, mesmo que tivesse vergonha.

No quarto ano da faculdade, participei de uma seleção para trabalhar na Cooperativa Sicredi, que estava prestes a ser inaugurada em Itiquira, o que seria a chance de voltar para a casa dos meus pais. O processo foi desafiador, envolvendo provas de conhecimento, perfil e uma entrevista com os diretores e o Conselho. Fui selecionada para integrar a equipe e fiquei radiante.

No entanto, de início não consegui transferir minha matrícula para o período noturno, pois estudava pela manhã. Escrevi uma carta ao reitor da UFMT, explicando a importância do trabalho para mim e a minha situação. Para minha surpresa, ele autorizou a transferência, mesmo sem vagas disponíveis.

Ao longo da faculdade, tive como referência a professora Adelina, que me apoiou nas dificuldades. No dia da formatura, tive a honra de ser escolhida como aluna destaque da turma.

Iniciei no cooperativismo como caixa e atendente, na agência do Sicredi em Itiquira. À noite, ia de ônibus até a cidade vizinha para estudar, enfrentando 280 km diários. Acredito que a vida é como um livro e que temos o poder de escrever nossa própria história: decidi ser protagonista e lutar pelos meus sonhos. O cooperativismo moldou minha carreira e me tornou a profissional que sou hoje, e em constante evolução.

No Sicredi, minha jornada durou 20 anos. Passei pelos cargos de caixa, atendente, coordenadora administrativa-financeira, gerente de agência e gerente agro, atuando em Itiquira, distrito de Ouro Branco do Sul, Rondonópolis e Primavera do Leste.

Nesse tempo, também realizei meu sonho pessoal: me casei com Nelson, compramos nossa casa e tivemos nosso filho, José Vitor.

No trabalho, desenvolvi uma nova paixão: a de formar e desenvolver pessoas. Para isso, contei com formações importantes, como o MBA em Gestão de Cooperativas pela Fundação Getulio Vargas (FGV), o MBA em Gestão de Pessoas, treinamentos como os ensinamentos de Dale Carnegie e o livro *Os 7 hábitos das pessoas altamente eficazes*, de Stephen Covey.. Tive o apoio da minha família, especialmente do meu esposo, que sempre me incentivou, e de Dona Mercedes, uma mulher simples e apaixonada por crianças, que cuidava com muito carinho do meu filho durante minhas ausências.

Naquela época, mulheres na liderança eram raras, e o apoio das minhas colegas Renata e Ligia foi essencial para meu desenvolvimento. Com a prática de gestão de pessoas, aprendi que o sucesso das metas depende de uma equipe engajada em um propósito maior, e os resultados surgem naturalmente.

Na agência, o foco foi desenvolver e treinar a equipe, gerir números e produção, cumprir metas e aproximar os cooperados de nosso negócio. Transformamos uma agência deficitária em superavitária e, após um novo desafio, na agência Vila Aurora em Rondonópolis, atuando como gerente de negócios agro, construí uma carteira robusta de associados produtores rurais.

Nesse tempo, perdi meu esposo em um trágico acidente. Minha vida virou de cabeça para baixo, e seguir sozinha com um filho de 4 anos foi extremamente desafiador. Mudei de casa e continuei trabalhando, contando com o apoio de pessoas como a Cida, que, além de cuidar do meu filho, também cuidou de mim e da minha casa com seu carinho; e de minha amiga irmã Delian, que com sua energia positiva e contagiante me ajudou a seguir em frente. Foram dias difíceis de luto, tristeza e choro, mas minha fé se fortaleceu e me fez perceber que o maior motivo para continuar era o meu filho. A partir daí, decidi ser forte por ele, meu motivo de orgulho e gratidão, um menino exemplar.

Juntei meus pedaços e realizei meu sonho de infância: abrir minha própria loja, a "Corpo e Dança", com moda fitness, moda praia e artigos para dança e natação. A loja foi criada com o propósito de inspirar as pessoas a adotarem uma vida mais ativa, saudável e feliz. Gerenciei a loja por 10 anos, até vendê-la recentemente para focar em um novo projeto.

Mais tarde, iniciei um novo relacionamento para reconstruir minha família. Engravidei, casamos e tivemos nossa filha, Maria Julia, que trouxe ainda mais alegria e amor para nossas vidas. Ela é uma criança ativa e extrovertida, que preenche nosso lar de felicidade.

Com o tempo, a convivência começou a ficar difícil. O que inicialmente era um amor intenso gradualmente se transformou em possessividade. Em situações assim, a pessoa abusiva raramente se desculpa; ao contrário, culpa o outro por seu comportamento. Nunca imaginei que isso pudesse acontecer comigo, uma pessoa com estudo e independência financeira. Foi o período mais difícil da minha vida, em que perdi minha identidade e me afastei da minha família, dos amigos e até do trabalho, chegando a pedir demissão.

Depois disso, com minha loja funcionando, mesmo sem minha presença, e enfrentando desafios emocionais e financeiros, aceitei o convite para ser consultora da Mary Kay. Lá, conheci a Dany, diretora de vendas e um exemplo de mulher empreendedora e resiliente. Ser consultora não apenas agregou uma fonte de renda, mas também contribuiu para meu desenvolvimento pessoal e reconhecimentos em vendas. Escolhi a Mary Kay por ver a oportunidade de transformar minha vida e a de outras mulheres.

Foi um tempo de sofrimento, com dificuldades financeiras e profundas angústias. Entretanto, Deus não me desamparou. Após muita oração e fé, um evento extremo no meu casamento me deu a coragem de sair de casa com meus filhos e recomeçar minha vida novamente.

Mudei-me para Primavera do Leste (MT) com meus filhos, sendo acolhida pelo meu irmão Franciel. Katia, minha advogada, não só me ajudou judicialmente, mas também foi uma grande orientadora. Ela conduziu o processo litigioso com base nos princípios da constelação familiar, para me ver de pé novamente, curada e capaz de conduzir meus filhos, tornando-me uma mulher mais forte e plena.

Em menos de 15 dias, fui convidada a assumir uma carteira agro no Sicredi desse município. Trabalhei com grandes profissionais, como a Anne, que se tornou uma amiga para a vida. Compartilhávamos desafios e ideias, e ela é uma grande parceira, confidente e um exemplo de mulher empreendedora e mãe. Aprendi muito com outros colegas além dela e também contribuí para o desenvolvimento deles.

Foquei no meu trabalho, na educação dos meus filhos e, principalmente, na cura emocional deles. Foi um tempo de terapia familiar, com o apoio da doutora Caroline, nossa psicóloga, que tem nos guiado nesse processo contínuo de crescimento e superação.

Depois de focar na sobrevivência, era hora de cuidar dos meus sentimentos que estavam guardados. Aprofundei-me nos estudos de constelação familiar e iniciei uma mentoria com Lu Oliveira, que tem sido fundamental no meu processo de cura, autoconhecimento e desenvolvimento pessoal. Como ela sempre diz: “Eu não sou o que aconteceu comigo, sou o que escolhi me tornar”.

No início de 2024, fui convidada para assumir a gestão da agência Jardim Paraíso, do Sicoob, em Primavera do Leste. Aceitei, alinhando os princípios de continuar promovendo o cooperativismo, alcançar resultados positivos, melhorar a vida dos cooperados e da comunidade, e liderar uma equipe de 11 pessoas.

Acredito que a verdadeira liderança está fundamentada no princípio de servir, e que liderar vai além de direcionar ou tomar decisões; trata-se de capacitar e inspirar os outros a atingirem seu máximo potencial, um alicerce à gestão e fator crucial para o sucesso. Quando lideramos com o propósito de servir, criamos equipes mais engajadas e motivadas, que superam desafios com resiliência e alcançam metas ambiciosas. Essa prática também promove um ambiente de trabalho colaborativo e harmonioso, no qual todos se sentem valorizados, garantindo resultados sustentáveis e um impacto positivo duradouro. Ser líder significa contribuir para a comunidade e fazer a diferença na vida das pessoas.

Após ingressar nesse intenso e profundo processo de transformação, superação emocional e de recuperação da minha identidade, sempre conduzida por Deus, aceitei o chamado para compartilhar minha história e encorajar outras mulheres. Conto com o apoio de Alessandra, uma mulher de paz, que inspira e orienta outras mulheres em suas jornadas por meio de suas mentorias.

Eu escolhi não me fazer de vítima e permiti que Deus reescrevesse minha história. Não é um processo fácil, rápido ou sem dor, mas, a cada etapa superada e descoberta, vejo avanços significativos. Acredito que somos maiores que nossas dores e nosso passado, e que, com Deus, podemos recomeçar e estabelecer uma nova trajetória, deixando um legado de grandes realizações. É gratificante observar como nos moldamos ao longo do caminho.

Hoje, compreendo que todas as coisas cooperam para o bem daqueles que amam a Deus e que os pedacinhos de felicidade que colecionamos no caminho são mais valiosos que a chegada. Aprendi que é possível equilibrar sucesso pessoal e profissional, e que uma família feliz pode ser composta por uma mãe e seus filhos.

Ao olhar para trás, vejo que cada situação e cada decisão me moldaram para ser quem sou hoje. Continuo escrevendo minha história, com a certeza de que sou a protagonista, sempre em busca de novos capítulos de crescimento e realização.

CAPÍTULO 5

Tempo de recomeçar

Pouco antes de receber o convite para fazer parte deste livro ímpar, sonhei que estava em seu lançamento, contando minha história. Nossas vidas podem começar de formas parecidas, mas nossa trajetória é única, e as pessoas que Deus coloca em nosso caminho nos ajudam a ser quem somos. Ou no exemplo de quem queremos ser ou do que nunca devemos fazer. Muitas mulheres não puderam contar com a sororidade, então cabe a nós levar esse legado a todas que passarem por nossas vidas.

Andréia Jaqueline de Paula Padilha

ANDRÉIA JAQUELINE DE PAULA PADILHA

Casada com Luciano e mãe do Lucas e do Murilo. Roteirista e produtora de comerciais. Gestora financeira pelo Centro Universitário de Cascavel (Univel), atuei no setor financeiro por mais de 23 anos, 16 deles como gerente financeira, descobrindo e me apaixonando cada vez mais pela consultoria em gestão de processos e cultura organizacional, além de palestrante. Cursos em Gestão de Processos pela Akel Consultoria e pela FM2S. Curso de Oratória pela A Chave Cursos de Oratória.

Contatos: andpadilha78@gmail.com
Instagram: @andpadilha_
45 99953 7720

Nasci em uma família simples. Meu pai, um dos melhores mecânicos da cidade, e minha mãe, uma mulher forte, me ensinaram valores importantes: amor, obediência, respeito e dedicação. Minha mãe sempre dizia que eu deveria estudar para ter um futuro melhor e meu irmão, Junior, apesar de mais novo, sempre cuidou de mim.

Minha infância, embora humilde, foi cheia de amor e felicidade. Aos 14 anos, conheci o amor da minha vida, Luciano. Uma amiga em comum, Carla (*in memoriam*), nos apresentou. No início, não dei muita atenção a ele, mas nossas vidas se cruzaram tantas vezes que, em 27 de novembro de 1992, começamos a namorar. Nos víamos todos os dias, mesmo que fosse apenas para um "oi". Após um ano e seis meses, minha mãe achou que estávamos ficando próximos demais e pediu que eu terminasse o namoro. Obediente como era, terminei, mas sempre acreditei que nos reencontraríamos.

Cinco anos depois, enquanto estava na casa da minha avó paterna, meu tio preferido, Lalo, perguntou se eu ainda gostava do Luciano e sugeriu que eu ligasse para ele. Naquela época, telefone fixo era raro, mas meu tio tinha um. Ele colocou o telefone no quarto e me disse para ligar. Após hesitar algumas vezes, finalmente liguei para o Luciano. Quando ele atendeu, eu disse: "Oi, sou eu, a Andréia", e ele respondeu: "Qual Andréia?". Por um momento pensei que ele nem se lembrava de mim, mas continuei: "A Andréia Jaqueline". Mais tarde, ele me contou que, ao ouvir minha voz, suas pernas tremeram tanto que ele teve que se sentar, mas, claro, não admitiu isso na hora.

Nos reencontramos, e meu coração disparava a cada conversa. No entanto, ele me contou que estava namorando outra pessoa, uma amiga que o ajudou a superar nossa separação. Aquilo me machucou, pois não era o que eu queria ouvir. Mesmo assim, mantivemos contato e ele me convidou a fazer o Curso de Formação Cristã (CFC), o que nos deu mais oportunidades de conversar.

Com o tempo, comecei a namorar outra pessoa, mas logo percebi que não era o mesmo sentimento que tinha pelo Luciano. Achei que nunca mais amaria alguém como o amei. Então, em 1999, ele me ligou e perguntou se eu ainda queria ficar com ele. Sem hesitar, respondi que sim, mas só quando ele estivesse livre. Pouco tempo depois, voltamos a namorar. Nós passávamos horas conversando e rindo, e eu me sentia mais feliz do que jamais imaginei.

Na época, eu trabalhava em uma produtora de vídeo; fazíamos comerciais para a televisão e eu era roteirista e produtora e estava começando a aprender a fazer a direção dos comerciais quando, em agosto de 2001, comecei a sentir uma dor intensa na barriga. Preocupada, fui ao ginecologista, que, sabendo que eu tinha ovários policísticos, pediu uma ultrassonografia. Quando o médico iniciou o exame, ele comentou: "Você não tomou água o suficiente! Mal dá para ver a cabeça desse bebê!". Fiquei em choque. A enfermeira, percebendo minha reação, esperou o médico sair da sala e perguntou: "Você não sabia que estava grávida?". Comecei a chorar, completamente surpresa, e respondi que não fazia ideia. Ela então virou o monitor para mim e disse que, pelo tamanho do bebê, eu já devia estar grávida de três meses.

O desespero tomou conta de mim. Tudo o que eu conseguia pensar era: "Minha mãe e meu pai vão me matar! Eu envergonhei minha família! O que vai ser da minha vida?". Liguei para o Luciano me buscar na clínica, tentando conter as lágrimas. Quando ele chegou, preocupado, perguntou o que estava acontecendo. Mostrei a ultrassonografia e, ainda chorando, respondi: "Sim, nós vamos ter um filho". Ele me abraçou com força, começou a me beijar e disse: "Vamos nos casar". Desesperada, eu recusei na hora, achando que ele só queria se casar por causa da gravidez. Ele então respondeu: "Claro que não, não faça isso comigo!". Aos poucos, o desespero foi dando lugar à realidade: precisávamos contar aos nossos pais.

Minha mãe e meu pai estavam separados. Minha mãe havia acabado de ter minha irmã, Maria Fernanda, do seu segundo casamento, e eu estava preocupada com a reação dela, principalmente porque minha irmã tinha menos de 40 dias de vida. Quando finalmente criei coragem para contar, esperando que ela ficasse desapontada, ela simplesmente me deu os parabéns e disse: "Agora você vai ter que contar para o seu pai".

Eu e Luciano fomos até a casa do meu pai três vezes antes de conseguirmos contar. Para minha surpresa, ele não brigou. Apenas perguntou se íamos nos casar. Respondemos que sim e, em um mês, estávamos casados. No dia 29 de setembro de 2001, nos casamos na igreja, com uma linda recepção para os convidados. Foi mágico.

No dia 29 de janeiro de 2002, meu Lucas nasceu. Ele era tão pequeno que dava medo de segurá-lo, mas foi um dos dias mais felizes da minha vida. Éramos uma família agora. Decidi parar de trabalhar para cuidar dele, uma escolha que o Luciano apoiou completamente. Ele segurou as pontas, cuidando de nossa casa ainda por mobiliar e de um bebê recém-nascido. Estávamos felizes.

Então, um dia, Luciano chegou em casa e falou: "Amor, me ofereceram a coordenação do CFC, mas eu disse que não poderia porque você está grávida". Eu ri e respondi: "Mas eu não estou grávida!". Ele insistiu: "Está sim, pode fazer o exame". Mesmo contestando, fiz o exame e, para nossa surpresa, eu estava grávida novamente, desta vez do Murilo. No início, fiquei assustada, já que o Lucas tinha apenas 1 ano e 3 meses, e tive medo de não dar conta. Mas o Murilo veio para completar ainda mais nossa felicidade.

Voltando ao mercado de trabalho

Quando o Murilo tinha 3 meses, voltei a trabalhar, no setor financeiro de uma distribuidora de alimentos. No entanto, por mais que eu tentasse me concentrar, meu coração estava partido por não poder ficar com ele. Passaram-se 10 meses e uma senhora que trabalhava comigo, percebendo minha angústia, me disse com carinho: "Minha filha, se Deus te deu a graça de ter uma família, cuide dela". Suas palavras me tocaram profundamente. Então, conversei com o Luciano e decidimos que eu voltaria para casa, onde permaneci pelos dois anos seguintes.

Naquela época, o Luciano trabalhava no colégio Nossa Senhora Auxiliadora, e o Lucas e o Murilo começaram a ir para a escola com ele, então senti que era o momento de voltar ao mercado de trabalho, dessa vez como gerente financeira em uma indústria. Foi um retorno cheio de felicidade, afinal, eu havia sido criada e educada para trabalhar e conquistar minhas coisas.

Em 2016, comecei a trabalhar em outra indústria, dessa vez de sacos de lixo, também como gerente financeira. Eu amava o que fazia.

Nossa família estava bem. Mas um dia, quando estava prestes a completar 15 anos, o Lucas me pediu para levá-lo ao médico. Disse que estava ficando mais baixo que os colegas da escola e isso o incomodava. Eu tentei acalmá-lo, lembrando-o das palavras do médico da infância: "Não se preocupe, seu filho não tem perda de crescimento, apenas um atraso. Quando os amigos pararem de crescer, ele ainda vai crescer um pouco mais". No entanto, Lucas insistiu, então o levei ao médico.

Na consulta, recebemos uma notícia devastadora: o médico especialista nos disse que não havia mais o que fazer: o estirão de crescimento dele já havia passado e ele não cresceria mais. Naquele momento, o brilho do meu filho, que sempre foi tão alegre, se apagou. O menino que minha sogra costumava dizer que "Qualquer dia teria cãibra na bochecha de tanto rir" ficou em silêncio. Ele chorava de tristeza, e uma vez me perguntou: "Mãe, como vou proteger o Murilo agora? Como vou deitar ele no meu ombro para acalmá-lo se ele vai ser maior que eu?".

Essas palavras partiram meu coração. A culpa me consumia por eu não ter levado o Lucas ao especialista mais cedo e por ter acreditado cegamente nas palavras do pediatra. Ele começou a fazer terapia com uma psicóloga e, aos poucos, o sorriso retornou ao seu rosto. O Lucas sempre foi muito inteligente e querido por todos e, apesar de tudo, continuou defendendo Murilo na escola. Aos poucos, nossa vida voltou ao normal.

No final de 2021, decidimos demolir nossa casa para construirmos uma nova. Enquanto isso, nos mudamos para a casa da minha sogra até que tudo estivesse pronto. Fizemos um projeto detalhado com o engenheiro e o arquiteto, e o Lucas estava sempre ao nosso lado, ajudando a escolher cada detalhe da nova casa. Já o Murilo, mais reservado, preferia não participar das decisões.

Quando nossas vidas viraram de cabeça para baixo

No dia 25 de fevereiro de 2022, eu e meu marido saímos para jantar com amigos. Enquanto me arrumava, o Lucas veio conversar comigo. Ele mencionou que queria mudar de faculdade, pois estava muito cansado com o trajeto que fazia. Pediu minha ajuda com a burocracia, e eu prontamente disse que o ajudaria. Ele parecia mais introspectivo naquela semana, e eu achei que fosse por causa de uma desilusão amorosa que vinha enfrentando; ele estava envolvido com uma moça que o deixava confuso e triste, e isso o estava abalando. Além disso, descobri que ele havia começado a fumar cigarro eletrônico, o que me deixou preocupada, principalmente por ele ser asmático. Mesmo assim, tentei manter a calma, pois sabia que ele estava fazendo terapia e imaginei que as coisas melhorariam.

Quando voltamos do jantar, perguntei ao Murilo onde o Lucas estava. Ele respondeu que provavelmente tinha saído para comer alguma coisa. Meu marido tentou me tranquilizar, dizendo que ele já voltaria, mas algo no meu coração não estava em paz. O Lucas sempre me avisava quando saía, e naquele momento, senti uma inquietação. Vi que a porta dos fundos estava apenas encostada, e meu primeiro pensamento foi que ele pudesse ter ido ver algo na obra e se machucado. Havia um portão de acesso da casa da minha sogra para a obra. Corri até o local, mas não vi nada. Quando voltei, olhei para os fundos da casa; foi quando o vi e, naquele instante, meu mundo foi destruído.

A partir daquele momento, tudo se tornou um borrão de desespero e dor. Fizemos tudo o que estava ao nosso alcance, chamamos o socorro, mas infelizmente não conseguimos trazê-lo de volta. Aquela noite foi a mais longa e dolorosa de nossas vidas.

Meu Lucas era um menino incrível, carinhoso, gentil, sempre ao nosso lado. Sua partida precoce foi consequência de uma dor silenciosa que, infelizmente, não conseguimos perceber a tempo.

Meu Lucas, você sempre será o meu "amoi" e eu sempre serei a sua "moia". O amor que sinto permanecerá eterno. "Te amarei de janeiro a janeiro, até o mundo acabar."

Pós-tragédia

Em fevereiro de 2022, sofremos uma perda profunda e irreparável com a partida do nosso Lucas. Alguns meses depois, em outubro, fui desligada da empresa onde trabalhava, enfrentando mais um luto em minha vida. Senti-me completamente sem rumo, sem forças para voltar a trabalhar, mas precisava. Foi quando, em uma conversa com a minha irmã, veio a ideia de usar meu conhecimento para trabalhar como consultora e ajudar as empresas a se organizarem; meu marido incentivou e apoiou minha ideia. Assim, em janeiro de 2023, iniciei uma trajetória na consultoria organizacional.

Não foi fácil seguir um novo caminho profissional em meio a tanta dor. A consultoria é desafiadora: organizar, melhorar e desenvolver novos processos, fortalecer a cultura e a gestão das empresas está sendo incrível, pois é maravilhoso ver que ainda posso contribuir não só com as empresas, mas com a vida das pessoas que estão ali dando seu melhor. Posso dizer que me encontrei profissionalmente, e isso tem me trazido momentos de felicidade.

No entanto, em julho de 2024, mais uma prova de força surgiu em nossas vidas. Murilo começou a apresentar inchaços no rosto, abdome, costas, pernas e pés, o que nos levou a buscar ajuda médica imediatamente. O clínico geral inicialmente suspeitou de problemas cardíacos ou renais e solicitou exames, encaminhando-nos para um nefrologista. Durante quase dois meses, consultamos diversos médicos, passamos por internações e aguardamos por um diagnóstico claro com o coração aflito. A incerteza e o medo eram enormes, mas continuamos a rezar e pedir a Deus por orientação.

Após várias consultas e exames, incluindo uma biópsia renal inconclusiva, seguimos com mais exames, agora com a suspeita de lúpus ou glomerulopatia mesangioproliferativa. Apesar do susto, a boa notícia foi que ele não precisou de hemodiálise; ele segue sob medicação e acompanhamento regular até um diagnóstico final.

Embora tenhamos enfrentado tantos desafios e momentos difíceis, com o luto que invadiu nossa vida e a saúde de Murilo abalada, mantenho minha fé. Acredito que Deus não nos dá uma cruz maior do que podemos carregar. Mesmo nas dores e nas perguntas sem respostas, Ele é minha força. Quando olho para minha família, para o Luciano e o Murilo, e me recordo com carinho dos 20 anos que tive com Lucas, só posso ser grata pelos milagres que Deus já realizou em minha vida. Muitas pessoas passam pela vida sem conhecer o amor verdadeiro, e Deus me deu três.

Pai, sou eternamente grata por tudo o que já me concedeu e pelo que ainda tem preparado para mim!

CAPÍTULO 6

Nossa essência, o pilar dos nossos sonhos

Neste capítulo, vou te levar a conhecer um pouco da história dos que vieram antes de mim e contar sobre meus próprios desafios para agregar algo ao mundo, algo que sempre quis fazer, para chegar a um lugar que hoje considero o de construção de um legado, o meu próprio – alinhado com minha natureza e coragem, utilizando as forças dos antepassados para encontrar meu lugar. E é claro que nada disso seria possível sem a grande fraternidade feminina, expressa na potência da sororidade.

Belisa Souza Maggi

BELISA SOUZA MAGGI

Formada em Direito e pós-graduada em Inteligência Socioemocional na Educação. Proprietária da empresa Agropecuária Pirapora Ltda., conselheira do *board* da AL5 Bank e presidente das instituições do Terceiro Setor Fundação André e Lúcia Maggi (da empresa Amaggi Importação e Exportação) e Instituto Signativo. Apaixonada pelo desenvolvimento humano, possui formação em Desenvolvimento da Primeira Infância pela Universidade Harvard, o que a inspirou a elaborar programas que incentivam o autodesenvolvimento de educadores, para aprimoramento de suas práticas socioemocionais e pedagógicas. Idealista por natureza, acredita fielmente no potencial e na essência de cada indivíduo e no desenvolvimento integral de crianças e adolescentes.

Contatos: autoriabelisa@gmail.com
Instagram: belisamaggi

Mulheres

Quando escolhemos dar as costas a uma mulher, não é apenas àquela mulher a quem fazemos, mas sim a todas aquelas que vieram antes dela, antes de nós e àquelas que ainda virão.
Quando resolvemos criticar outra mulher, não é só ela que estamos criticando, mas a nós próprias em diferentes níveis.
Quando escolhemos não apoiar outra mulher, é o reflexo do apoio que nos faltou – não concedido quando mais precisávamos.
Há um preço a se pagar por este lugar e vejo que muitas de nós escolhem pagá-lo, ao permanecermos agarradas a conceitos e práticas limitantes que a sociedade nos embutiu.
Tentaram nos moldar, dobrar, empilhar para "caber".
Mas, pasmem: não conseguiram!
Estamos de volta! E agora, com uma nota a mais de sabedoria – talvez esse seja o maior dos atuais triunfos.

Belisa

Recordo como se fosse hoje quando, aos 9 anos, estava no anfiteatro da escola em que passei parte da infância e da adolescência em Rondonópolis (MT), minha cidade natal. A diretora reuniu todos os alunos para uma dinâmica: escrever em um papel o que queríamos ser na vida, colocá-lo dentro de um balão, enchê-lo e soltá-lo no ar, como se fosse "ascendê-lo" ao universo.

Foi uma das primeiras vezes em que me perguntei o que eu queria ser na vida, essa vida que era… minha? Recordo a emoção que senti ao pegar o pequeno papel – uma dinâmica tão legal para uma criança – e escrever: "Quero fazer alguma coisa importante para o mundo".

À época, na minha consciência infantil, isso significava uma certa notoriedade perante a sociedade. Acredito que não poderia ser muito diferente, vindo da família da qual eu vim, que possui pessoas com visibilidade e legado, cuja história começa com meu avô, André Antônio Maggi, que, com o apoio de minha avó, Lucia Borges Maggi, construiu um legado no ramo da agricultura ao qual meu pai, Blairo Borges Maggi, juntamente com o apoio da minha mãe, Terezinha de Souza Maggi, e demais familiares, brilhantemente deu continuidade.

A história dos que vieram antes de mim

Na década de 1950, meus avós saíram do Rio Grande do Sul para São Miguel do Iguaçu (PR), buscando uma nova vida. Os primeiros anos foram difíceis, levando meu avô a querer voltar. Porém, minha avó Lucia, após uma noite em claro conversando com Deus, determinada, disse: "André, até aqui tu me trouxeste, mas daqui eu só vou para frente". Esse momento foi decisivo para nossa história familiar.

Meu avô, gerente de uma serralheria, sabia que seu destino não estava na madeira, e sim na terra. Com muito esforço e credibilidade, conseguiu empréstimos para comprar uma fazenda, iniciando a trajetória de nossa família na agricultura, atividade que cultivo com gratidão até os dias de hoje. Cresci ouvindo que a credibilidade é mais valiosa que o dinheiro – um valor que guia nossa família e empresa.

Na década de 1970, incentivado pelo governo, meu avô decidiu explorar novas fronteiras no Centro-Oeste. Meu pai, recém-formado em agronomia, veio dar continuidade ao sonho.

A empresa fundada por meu avô, Sementes Maggi, evoluiu sob a liderança visionária de meu pai, Blairo Maggi, e se tornou a multinacional Amaggi, uma referência no agronegócio, com 388 mil hectares plantados e mais de 9 mil colaboradores, sendo exemplo de sustentabilidade e de inovação no campo.

A sororidade em tempos de construção

É essencial ressaltar o papel das mulheres que acompanharam esses homens. Imagino como foi desafiador para minha avó, para minha mãe e para minhas tias, assim como para tantas outras mulheres na época, escolherem a visão de um futuro promissor junto a seus companheiros. Tiveram de se valer de muita coragem para levarem consigo o que tinham de mais precioso – suas famílias – para lugares distantes, ainda em construção.

Onde faltavam recursos, estrutura, medicina, ali estavam elas, enfrentando as adversidades, mas firmes na fé, em prol do sonho coletivo.

Imagino a apreensão e a insegurança com a doença de um filho na ausência de seus maridos, que ficavam meses trabalhando nas distantes fazendas, em uma época em que a comunicação era inexistente ou precária, nas viagens de 400 km que poderiam durar dias, conforme as condições das estradas de chão; muitas vezes, acompanhadas de seus filhos, tinham de passar a noite no carro esperando melhores condições de passagem.

Precisaram educá-los, pensar e tomar decisões, além de oferecer consolo a seus companheiros diante dos percalços da atividade, quebras de safra, ideias que não prosperaram, com acolhimento e receptividade, abafando muitas de suas próprias necessidades emocionais em prol da família.

Enquanto crescia, presenciei essas mulheres se unindo em uma força coletiva, em uma dinâmica e potente rede de apoio entre si.

A essas mulheres, registro aqui minha gratidão, meu respeito e minha admiração. O futuro seria muito mais difícil sem o seu apoio na construção da potência agro no Brasil.

Habilidades que compõem o caminho

O caminho de um negócio próspero envolve dificuldades, incertezas e a fé para manter um sonho vivo. O que me chama a atenção nas histórias de sucesso, além do notório empreendedorismo, coragem e resiliência, são as habilidades emocionais do visionário. Sempre me pergunto: que força é essa capaz de criar mundos e abrir caminhos para outros?

Uma das grandes habilidades que vejo na história da minha família e na de tantos outros visionários é o poder de convencimento, a comunicação tão autêntica que faz com que outros passem a acreditar, sonhar, prosperar.

Outra habilidade que salta aos olhos é a consciência de que a força da união é muito maior se compartilhada. É a capacidade de identificar pessoas com características afins e convocá-las a buscar juntos as oportunidades de construção e de união de visões em prol de um sonho comum.

Quanto mais os valores são praticados e perpetuados, mais forte a visão se torna. Como uma semente bem plantada, com todos os nutrientes necessários para germinar, crescer e florescer, que pode se desenvolver tão forte quanto a resistente aroeira.

Ao longo da minha vida, presenciei a construção de um legado que me deu força e visão, e creio que reconhecer tanto os bons como os maus momentos nos conecta aos antepassados. Creio que esta é uma chave: quando damos um lugar tanto aos bons acontecimentos quanto aos não tão bons, é como se adquiríssemos permissão para usufruir das forças de nossos antepassados.

Por isso quero também honrar meus avós maternos, Mauro de Souza e Ilka Mezomo de Souza. Sou muito grata por ter tido avós com o referencial de amorosidade – sei hoje que amor, carinho e acolhimento são muito do que precisamos para desenvolver nosso potencial como pessoas.

A odisseia na vida

Retomando minha jornada: nasci em Rondonópolis e aos 16 anos me mudei para Curitiba (PR), como era na tradição familiar, para concluir o ensino médio e me preparar para o vestibular. Aos 21, formei-me com honras em Direito pela UniBrasil. Desde cedo, buscava me conhecer e entender o que queria fazer, conciliando autoconhecimento com as experiências da juventude, as festas na época de faculdade, viagens e namoros. Assim que me formei, entendi que o tempo corria e ele não estava a favor daqueles que esperam.

Com a consciência jovem da época, e por ser uma idealista incurável, percebi que levaria muito tempo e energia para que pudesse fazer algo de real impacto na sociedade por meio das ferramentas do Judiciário. Até que eu me tornasse uma legisladora, anos passariam; assim, resolvi que o Direito não era o caminho.

Naquele ponto, deu-se início a uma "odisseia" em minha vida pessoal e profissional. Tive várias experiências profissionais, desde administração de uma clínica de estética, estagiária da Vara de Família do Paraná, voluntária de ações sociais, a produtora rural, atividade em que atuo até hoje. Porém, foi no âmbito pessoal que mais aprendi. Decidi estudar fora do país e fui aceita na London Business School, mas, ao retornar para o Brasil para obter o visto de estudante, refleti sobre meu destino e percebi que ainda não sabia qual seria o caminho certo. Tal qual aquela criança com o balão, eu sabia o que queria, mas não tinha ideia alguma de como fazer nem o que fazer para contribuir com algo importante para o mundo.

Com o tempo, entendi que "herdar" um legado requer encontrar a própria identidade, não copiando fórmulas prontas, mas adaptando-as ao meu jeito.

Na busca da minha identidade profissional, tive uma conversa com meu pai. Foi quando ele sugeriu que eu passasse por todas as áreas da empresa, para identificar meus interesses. No setor agro, o sangue falou alto e me encantei com a prática. Propus a meu pai gerir uma fazenda, mas a resposta foi um belo de um "não".

Hoje compreendo sua sábia decisão, pois, além da minha falta de formação na área, ele sabia das dificuldades que eu enfrentaria como uma jovem mulher num ambiente predominantemente masculino.

Essa resposta me levou a uma decisão importante: percebi que, naquele momento, seria difícil me desenvolver e precisava me entender melhor. Então, me mudei para Goiás, estado em que amigos meus ajudavam um produtor de óleos essenciais.

Passei um ano distante de tudo e de todos, o que, apesar de ter sido emocionalmente complexo, me trouxe algo valioso – uma noção maior da realidade. Estar fora da "bolha" social em que fui criada, conviver com diferentes pessoas e propósitos me trouxe boas e novas perspectivas, as quais atualmente estão presentes em todos os projetos a que me dedico. Aprendi que precisamos de muito pouco para levarmos uma vida feliz. Quanto mais acumulamos coisas materiais, mais queremos tê-las, porém o que nos traz alegria são sentimentos mais subjetivos, como o senso de pertencimento, de reciprocidade e a sensação de nos sentirmos aceitos e amados.

Após esse período, meu pai, mesmo não acreditando que eu daria continuidade, me fez a proposta de voltar ao estado de Mato Grosso para tocar uma fazenda na cidade de Chapada dos Guimarães. Foi algo mais como "ok, aqui está a fazenda, vai lá e toca – descobre como fazer".

O desafio era, além da falta de experiência, transformá-la, de pasto a lavoura, a despeito do suporte financeiro. A primeira soja que colhi, apesar de bem cultivada, plantei fora da janela de tempo ideal. Teve muita chuva na colheita e a soja parecia uma "lavagem". Sem contar o desafio de ser uma mulher solteira lidando com uma fazenda repleta de homens. Tive de me valer de muita coragem, posicionamento e resiliência, aprender a lidar com a solidão e desenvolver outras habilidades emocionais. Essa fazenda segue arrendada e hoje eu e meu marido administramos uma área maior na cidade de Sapezal, também em Mato Grosso.

Essa também foi a época em que me encontrei com um propósito que me enche a alma de alegria – o de ser empreendedora social. Fui convidada no ano de 2015 pela família para assumir a presidência da Fundação André e Lucia Maggi, responsável pelo investimento social privado da empresa Amaggi, colaborando com a missão do desenvolvimento local e humano. Um ano depois, fundei o Instituto Signativo, instituição sem fins lucrativos, que se dedica à educação, colaborando com o autodesenvolvimento socioemocional de educadores.

Acredito que a vida é arquitetada para extrair nosso maior potencial. Quanto mais observo, mais percebo que nossas experiências, sejam duras ou leves, nos auxiliam a chegar a lugares e conclusões que, de outra forma, levaríamos muito mais tempo para atingir. O importante é estarmos cientes disso, de modo a nos prepararmos melhor para os desafios, por meio do autoconhecimento, não sofrendo tanto no processo.

Um possível novo legado

Minha filosofia de vida é poder levar caminhos e ferramentas tanto às comunidades como aos educadores, enfim, às pessoas, para que obtenham maior qualidade de vida, pois compreendi a importância do movimento quando acontece de dentro para fora. Nós, humanos, somos muito bons em desbravar o mundo exterior, sem olhar tanto para os grandes oceanos e montanhas que restam em nossas profundezas, fazendo com que muitos tsunamis e vulcões venham à tona “sem explicações”, chocando continuamente a nós e a toda a sociedade.

A meu ver, optar por nos reconhecermos verdadeiramente é o ato de maior coragem e de maior expansão consciencial que podemos ter, colhendo lindos frutos pelo dialético caminho. O verdadeiro, o belo, o movimento que traz inovações, criatividade, alegria, realizações em nossas vidas contém simplicidade, e isso encontramos mais facilmente diante de um abraço afetuoso, um momento verdadeiramente compartilhado, na mão amiga estendida, na união e na harmonia familiar, na cumplicidade de olhares. Dessa forma, consigo enxergar o desenvolvimento de uma sociedade mais justa e equânime.

Olhando através das cortinas da memória para aquela menina jogando seu balão o mais alto que pôde, compreendi que fazer algo importante para o mundo significa poder e saber apoiar as pessoas a apoderarem-se, a terem consciência de si. Não há realização maior do que auxiliar e ver brilho nos olhos de alguém que escolheu acender sua própria história por meio de sua essência. Acredito que o autoconhecimento, assim como o conhecimento em si, é algo tão valioso que ninguém pode nos tirar, algo que fica eternamente gravado em nossos corpos, em nossas almas.

Hoje, ser importante para mim vai muito além da esfera individual. Ao longo das minhas experiências de vida, entendi que o desejo infantil significava, sim, realização pessoal, mas também fazer diferença na vida de outras pessoas, de outras mulheres. Se eu puder tornar a montanha mais alta para que outras que vierem depois de mim possam enxergar mais alto, como sugere a poeta Rupi Kaur, é o que farei.

Lido com muitas pessoas, na maioria mulheres, que estão cada vez mais escolhendo a responsabilidade de suas vidas e de suas emoções. Isso me enche o peito de satisfação, porque não sou eu quem faz o caminho: são elas próprias que escolhem trilhar aquilo que bem entendem. É libertador.

CAPÍTULO 7

Sem coragem não fazemos história

Ao refletir sobre as inúmeras lutas que enfrentei, nada foi tão desafiador quanto a decisão de renunciar a minhas conquistas para me dedicar plenamente aos dois projetos mais preciosos que Deus me concedeu: meus filhos. Essa escolha foi uma jornada de fé e determinação, na qual descobri que o maior propósito estava em estar presente para aqueles que mais amo.

Carla Cristina Dutra de Aquino

CARLA CRISTINA DUTRA DE AQUINO

Formada em Biologia pela Universidade do Estado do Mato Grosso (Unemat), mestre em Entomologia pela Universidade Federal da Grande Dourados (UFGD) e doutora em Agronomia pela UFGD, com período sanduíche na University of Minnesota, nos Estados Unidos, concluído em 2012. Bolsista pela Coordenação de Aperfeiçoamento de Pessoal de Nível Superior (Capes). Iniciou sua carreira na Monsanto do Brasil, com pesquisa e desenvolvimento na área agrícola durante quatro anos, atuando em pesquisas de campo, casa de vegetação e laboratório. Posteriormente, atuou na área comercial da Bayer por mais sete anos. Coautora do *best-seller Mulher: a força do agro*, volume 4. Embaixadora do livro *Elas lideram o agro*, com lançamento previsto para maio de 2025. Idealizadora da comunidade "Café com Carla" no Instagram, onde compartilha conteúdos sobre liderança feminina, desafios da maternidade e inovação no campo.

Contatos: carlacristina.dutra@gmail.com
Instagram: @carla.aquino.agro
LinkedIn: Carla Cristina Dutra de Aquino

Da roça ao mundo – enfrentando desafios e fazendo história

Nasci em Jauru, uma pequena cidade do interior de Mato Grosso, perto da divisa com a Bolívia. Filha de pecuaristas, cresci em uma fazenda onde meu pai, Ademar, tirava leite e vendia, enquanto minha mãe, Rose, fazia queijos e requeijão. Cultivávamos quase tudo o que consumíamos para nossa subsistência. Eu e minhas três irmãs – Camila, Caroline e Suzany – fomos criadas com simplicidade e tranquilidade, imersas nos valores cristãos que nossos pais nos transmitiram. Meu pai sempre dizia que a maior herança que poderia deixar para nós era a educação, e assim foi: todas nós conquistamos um diploma de nível superior.

Minha trajetória acadêmica começou cedo. Aos 16 anos, deixei o conforto do lar para estudar fora. Fiz graduação em Biologia pela Unemat em Cáceres (MT), onde descobri minha paixão por Entomologia. Esse amor pela área me levou a buscar um mestrado. Quando terminei a graduação, fiz o processo seletivo na UFGD em Dourados (MS), no curso de Entomologia. E, por obra do destino, Deus havia reservado uma vaga para mim: fui aprovada na seleção. Foi um caminho árduo, especialmente sem contar com bolsa de estudos e tendo dificuldades financeiras. Contudo, a ajuda de amigos e uma bolsa da Fundação de Apoio ao Desenvolvimento do Ensino, Ciência e Tecnologia do Estado de Mato Grosso do Sul (Fundect), que consegui mais tarde, possibilitaram a conclusão do mestrado. Ao final dos dois anos de pesquisa, defendi minha dissertação, cujo projeto destacou a importância da cultura do algodão geneticamente modificado para a agricultura. Fiquei tão encantada com o resultado que queria muito fazer estudos que provassem que o milho geneticamente modificado que seria lançado no Brasil significaria um avanço para a agricultura tanto economicamente quanto em sustentabilidade.

Motivada pelos resultados positivos, decidi aprofundar meus estudos com um doutorado. Mais uma vez, meu Pai celestial havia reservado minha vaga. Então comecei meu doutoramento, também sem bolsa, e com isso a dificuldade financeira e o desespero quase me fizeram desistir enquanto ainda tinha dinheiro para voltar para a casa dos meus pais. Quantas noites chorei com medo de estar tomando a decisão errada! Mas, como sempre alimentei minha fé, ela foi a base para vencer meus medos e enfrentar os desafios. Na hora certa, consegui um emprego como estoquista em uma loja no shopping até obter minha tão esperada bolsa da Capes.

Quando consegui essa bolsa, minha dedicação foi exclusiva para minha tese. Tive a oportunidade de trabalhar em laboratórios renomados, como a Escola Superior de Agricultura Luiz de Queiroz (Esalq) e a Universidade Estadual de Londrina (UEL). Além disso, tive uma experiência internacional na University of Minnesota, nos Estados Unidos, onde, apesar das dificuldades e da simplicidade, vivi momentos de profunda gratidão e de crescimento profissional. Foram 11 meses em Minnesota, passando noites em um colchão no chão e com um único casaco para usar ao longo do inverno inteiro. Ainda me lembro da jaqueta cinza que uma professora (mulher admirável com vários prêmios, inclusive um Nobel) me emprestou. Quando fui embora, devolvi a jaqueta para que outros alunos estrangeiros que necessitassem também pudessem usá-la.

Na minha despedida, meu orientador escreveu uma carta para a Capes, dizendo que eu havia sido a estudante que mais trabalhou e rendeu no laboratório dele em todos esses anos. Isso foi um dos maiores troféus que eu havia recebido na minha pequena trajetória de vida.

Jornada de conquista e realização

Quando voltei ao Brasil, tudo o que eu queria era defender minha tese e conseguir um trabalho. Todos os dias eu entrava no site da empresa da qual eu sonhava fazer parte, Monsanto do Brasil, procurando alguma vaga para me candidatar.

Apresentei a defesa da minha tese, fui aprovada no Brasil e recebi um convite para regressar aos Estados Unidos e apresentar minha tese em Saint Louis, em um congresso sobre organismos geneticamente modificados. Fui, apresentei e ganhei reconhecimento pelo meu trabalho, além de ter viajado com todas as despesas pagas.

Inscrevi-me para uma vaga na Monsanto que estava anunciada em seu site. Fui chamada para um processo seletivo e, após um mês de entrevistas, deu certo. E ali comecei minha carreira como pesquisadora na Estação

Experimental de Sorriso (MT). Como Deus é tão maravilhoso e bondoso comigo, Ele me colocou a 70 km da minha família, depois de longos 10 anos morando longe.

Ali em Sorriso aprendi a trabalhar, e foi ali que conheci o amor da minha vida, Luiz Carlos Lago de Aquino. Nos casamos em 2015, na cidade em que meus pais moravam, Sinop (MT). No ano seguinte, tivemos que nos mudar para a cidade dos meus sogros, Ponta Porã (MS), por motivos familiares: meu marido precisava ajudar o pai nos negócios da família. Pedi minha transferência para a empresa e, na época, só havia vaga em Dourados (MS), cidade próxima de Ponta Porã, em uma posição na área comercial. Seria um desafio e tanto! Mas achei bem pertinente, pois eu tinha experiência acadêmica, experimentação agrícola e agora poderia ver como funcionava para o agricultor, como era a vida real, pois tudo é estudado e feito para atender ao cliente final: o agricultor. Foi uma grande experiência! Aprendi muito; a área comercial é apaixonante.

Os anos foram passando e a gente queria ter filhos. Tentamos por três anos, fizemos duas inseminações artificiais que não deram certo. Eu vivia correndo, tinha muitas reuniões, trabalhava em uma grande região de atuação. Isso dificultava ainda mais o sonho de ser mãe.

Um dia, estava em São Paulo para uma reunião de trabalho e no quarto do hotel eu falava ao telefone com uma amiga. Disse a ela que estava pensando em fazer uma fertilização *in vitro*, porque eu não conseguia engravidar. Então ela me perguntou se eu havia pedido a Deus esse filho. Eu disse que não, que Ele sabia o que eu queria, que eu não podia pedir mais coisas a Ele, que tinha até vergonha de pedir isso. Então essa minha amiga disse "Carla, está na Bíblia: pedis e obtereis (Mateus 21:22). Se humilha e pede ao Senhor teu Deus".

Na mesma noite eu me joguei no chão e orei ao meu Pai que está no céu e pedi com todo meu coração. Fui embora para casa e no final do mês, quando eu esperava o sinal do meu ciclo para iniciar o tratamento, a médica solicitou um beta-HCG, e o milagre já estava feito. Eu estava grávida do meu primeiro filho. Que bênção! Trabalhei durante todos os dias da gestação, esbanjando saúde e alegria, dirigindo pelas estradas da fronteira, visitando meus clientes.

Renunciando ao sucesso para um propósito maior

Diógenes Neto nasceu em uma segunda-feira no mês de janeiro de 2019. Ele é um menino saudável e inteligente. Amoroso e grudado comigo.

Tive licença-maternidade por seis meses e voltei a trabalhar. Minha mãe, que na época havia se mudado para Ponta Porã, me ajudou; ela cuidava do meu menino enquanto eu trabalhava fora. Quando Diógenes completou 2 anos, engravidei do meu segundo filho, Caio. Da mesma forma, trabalhei a gestação inteira, porém dirigi menos pela fronteira, pois na época estávamos em plena pandemia de Covid-19, e por isso fazia muito trabalho home office. Caio nasceu em outubro de 2021. Lindo menino, ruivo, saudável, feliz e amoroso. Esse é o grude do papai. Mais uma vez, tirei licença-maternidade de seis meses e voltei a trabalhar. Meu marido me perguntou se eu queria ficar em casa e cuidar dos meninos, já que agora eram dois! Mas eu preferi continuar trabalhando fora. Eu amava fazer meu trabalho e me sentir útil e produtiva.

Minha mãe também me ajudou com o Caio, e o Diógenes começou a frequentar a escolinha. No entanto, minha mãe disse que ficaria somente até o primeiro ano de vida do Caio.

Quando Caio completou um ano, minha mãe voltou para o Mato Grosso e eu contratei uma babá. No início tudo foi bem: as crianças gostaram dela e se adaptaram. Mas, com o passar dos meses, foram acontecendo muitas coisas e as crianças não queriam mais ficar com ela. Só queriam ficar comigo; eu saía para trabalhar e elas choravam pedindo para eu ficar.

Então eu comecei a orar e pedir para Deus mostrar o que eu deveria fazer. Por que Ele permitiu que eu estudasse tanto? Que eu chegasse a trabalhar em uma empresa tão boa e conhecesse tanta gente importante, se não era para eu ser produtiva e continuar minha carreira?

E um dia, senti em meu coração as respostas das minhas perguntas. Deus permitiu que eu conquistasse e conhecesse tudo isso para treinar esses dois generais que Ele havia me dado. Esses meninos são a herança do Senhor. Eles terão coisas muito importantes para fazer na geração deles.

E foi aí que eu entendi que não era para eu deixar que meus filhos fossem cuidados por outras pessoas, e sim por mim, que tinha currículo e amor para fazer esse trabalho. Entendi também que, embora amasse meu trabalho e fosse bem remunerada, o papel de mãe era o mais valioso e insubstituível naquele momento da minha vida.

Conversei com meu esposo sobre isso. Era outubro de 2023. Caio acabara de completar 2 anos. Porém, ele não concordou e disse para eu pensar mais um pouco. Como que eu poderia renunciar a 11 anos de história na empresa assim? Então eu segurei mais um pouco, coloquei o Caio na escola também, e trabalhava no horário que eles iam à escola.

Foi uma fase que exigiu muita coragem para tocar uma vida de mãe de dois pequenos (4 e 2 anos) e representante de uma multinacional. Fiz o melhor que pude. Aguentei até dezembro assim. Quando retornamos do recesso de ano novo, conversei com meu marido e ele concordou, já que eu havia pensado por alguns meses e continuava com a certeza. Foi uma decisão difícil de tomar, pois eu gostava do que fazia e era bem remunerada por isso. Mas entendi onde era meu verdadeiro lugar nessa fase da minha vida. Entendi onde eu realmente era insubstituível e necessária. E, se eu falhasse ali com meus filhos, jamais me perdoaria. Meu projeto família precisa dar certo.

Liguei para meu gestor e conversei sobre minha decisão. Ele me disse que não esperava. Perguntou se poderia fazer alguma coisa para que eu mudasse de ideia. No entanto, eu já estava decidida. Aquele havia sido um ano com excelentes resultados na minha região. Mas tenho certeza de que é porque Deus me honrou. Eu jamais teria conseguido aqueles resultados sozinha, assim como Ele me honrou permitindo que a menina da roça aprendesse a falar inglês fluente para estudar nos Estados Unidos. E que aquela bolsista que não conhecia ninguém conseguisse passar em uma entrevista na Monsanto. Nada é por acaso; tudo tem o propósito de Deus. Mas precisamos ter coragem para cumprir o que Ele nos pede. Porque Deus nos ama, Ele é nosso Pai, mas precisamos saber pedir, saber ouvi-lo e ter coragem para conquistar.

Reflexões sobre coragem e propósito

Conheço muitas mulheres fortes e corajosas, mulheres inspiradoras, cada uma com seus desafios e lutas! E sabe o que é mais incrível? A maioria delas não se deu conta de como são maravilhosas e têm histórias que podem ajudar e inspirar outras mulheres com seus testemunhos. Nós, mulheres, precisamos olhar para dentro e reconhecer o que temos de valor e contar isso para as outras.

Estou há um ano nessa nova fase, dedicando-me ao lar e à criação dos meus filhos. Quando fui convidada a escrever este capítulo, inicialmente questionei se minha experiência fora do mercado de trabalho teria relevância. Mas compreendi que minha história pode inspirar outras mulheres a reconhecerem seu valor e a terem coragem de seguir seus próprios caminhos. Foi essa compreensão que me levou a criar a comunidade Café com Carla no Instagram (@carla.aquino.agro), onde compartilho reflexões sobre liderança feminina, maternidade e propósito no agro. Por meio dessa plataforma tenho alcançado mulheres de todo Brasil, mostrando que cada história tem valor e pode transformar vidas.

De todas as coisas que fiz em minha vida até hoje, o mais corajoso foi deixar o que eu achava que era importante para cuidar de algo muito maior e valioso. Minha jornada me mostrou que não há coincidências, apenas propósitos maiores em ação. A coragem de mudar, a fé em momentos de incerteza e o reconhecimento da importância do papel que Deus me designou são lições valiosas. Cada passo, cada desafio e cada vitória foram passos rumo ao cumprimento de um propósito maior.

Para criar mudanças, superar desafios e deixar uma marca no mundo, é essencial ter coragem de enfrentar o desconhecido e os obstáculos. Grandes feitos, inovações e avanços muitas vezes exigem que as pessoas saiam de suas zonas de conforto e assumam riscos. É essa coragem que impulsiona a história.

Agradeço a você que leu até o final. Que minha jornada de fé e superação possa servir de encorajamento para que outras mulheres também encontrem seu caminho e realizem seus sonhos.

CAPÍTULO 8

Eu sou o milagre desde o ventre da minha mãe

Milagres não precisam ser grandes e raros. Eles podem acontecer nos atos mais corriqueiros dos nossos dias, pois a vida por si só já é um milagre. É nos pequenos milagres do cotidiano que eu consigo ver a complexidade da vida.

Catiane Santos

CATIANE SANTOS

Casada e mãe de uma linda menina, é empresária e atualmente vive em Belo Horizonte (MG). Apaixonada por pessoas e guiada pela fé em Deus, vive intensamente o que a vida tem de mais doce. A confeitaria completa seu ser, e vê nos seus bolos uma forma de transformar o mundo em um lugar melhor. É especialista em bolos artesanais, mas prefere dizer que entrega amor por meio de cada criação.

Contatos: catitadmp@hotmail.com
Instagram: @deliciasdacatitabh, @catitadmptita

Eu sou Catiane Santos, mais conhecida como Catita, nascida em 10 de agosto de 1985 em Mirassol D'Oeste (MT). Embora tenha passado alguns anos da minha infância lá, é em Cuiabá (MT) que meu coração realmente se encontra.

Venho de uma família humilde. Minha mãe, uma mulher forte e determinada, começou a vida como empregada doméstica. Ela se casou muito jovem com meu genitor e, juntos, eles tiveram duas filhas: minha irmã Kelly, a mais velha, e eu. Meu nascimento foi complicado. Minha mãe teve pré-eclâmpsia, e o médico deu a ela uma escolha: salvar a vida dela ou a minha. Sem hesitar, ela escolheu me salvar. Vim ao mundo aos 8 meses, pequenina e doente, sem recursos médicos adequados e sem dinheiro. Mas Deus fez o primeiro milagre em minha vida: contra todas as probabilidades, sobrevivi. E minha mãe, com sua decisão pautada em seu amor incondicional pelo ser que gerava, salvou a nós duas.

Minha mãe, com apenas 19 anos, foi abandonada pelo meu genitor, ficando sozinha com duas crianças pequenas. Era o início da nossa batalha. Ela trabalhava em tudo o que conseguia – em casas de família, frigoríficos, lanchonetes, até na capinagem. Nunca desistiu de nós. Sempre foi uma guerreira, e eu tenho um orgulho imenso dessa mulher. Minha mãe sempre me ensinou lições que levo para a vida toda. Ela me ensinou a ser honesta, educada, a ter empatia, e que o trabalho não mata ninguém, só dignifica. Sempre dizia: "Vai doer, mas vai passar". Além disso, ela me mostrou o poder da fé e que a oração de uma mãe é a maior comunicação com Deus.

E a verdade é que, a cada dia que passa, ela é ainda mais sábia em seus ensinamentos. Espero aprender cada vez mais e me tornar pelo menos um pouquinho parecida com ela. Dona Margarety, obrigada! Você é sempre um grande farol e inspiração para mim!

Havia dificuldades, mas também havia momentos de felicidade. Para tornar nossa vida mais fácil, Deus colocou anjos em nossas vidas. Três desses anjos foram a Dona Maria Conceição, a Carmem, e o Seu Romeu Aquino, que foram como pais para nós. Eles acolheram minha mãe como empregada, mas rapidamente passaram a tratá-la como parte da família. Esses laços de amor nos sustentaram por anos, e até hoje permanecemos unidos.

Outro anjo fundamental foi minha tia, Marlene Vieira, irmã da minha mãe. Ela é o pilar da nossa família, uma mulher que sempre esteve presente nos momentos mais difíceis. Como minha mãe, ela também foi mãe solo e sabia a dor de criar uma família sozinha. Mesmo com suas dificuldades, nunca deixou de cuidar de mim e da minha irmã. Ela foi, e ainda é, uma verdadeira matriarca, um exemplo de força e coragem.

Quando nos mudamos do interior para Cuiabá, foi para tentar uma vida melhor. Minha mãe acreditava que, em uma cidade maior, teria mais oportunidades de trabalho. Então, lá fomos nós: minha mãe e suas duas meninas pré-adolescentes. Eu, revoltada com o mundo, cheia de questionamentos, e minha irmã, que era mais chorona e depressiva. Foi um período muito desafiador para todas nós.

No começo, a adaptação foi difícil, mas com o tempo fomos entendendo o tamanho da batalha que nossa mãe enfrentava diariamente para nos manter de pé, sempre firme e determinada a nos dar o melhor que podia.

Comecei a trabalhar desde cedo. Aos 12 anos, já era babá, entregava panfletos, trabalhava em eventos e mercados. Mas o ponto alto veio quando consegui um emprego no banco Bradesco, como vendedora de cartões de crédito. Minha mãe falava com orgulho: "A Catiane trabalha no banco!". Embora eu fosse terceirizada e ganhasse pouco, para nós aquilo era um grande feito. E foi ali que meus sonhos começaram a crescer.

Desde aquele momento, meus sonhos eram grandiosos. Eu comecei a observar pessoas bem-vestidas, educadas, com altos cargos, e isso me inspirava. O que eu mais desejava era ser alguém de destaque para poder ajudar minha mãe e honrar minha família. Naquela época, ser promotora parecia ser o melhor caminho para mim, mas eu queria mais. Queria estudar, entender melhor o mundo financeiro para que um dia pudesse ser gerente.

Eu via as pessoas entrando no banco para conversar com o gerente sobre produtos que eu nem sabia que existiam – consórcios, financiamentos, seguros. Um dia, com ousadia, disse ao gerente que queria vender seguros também, pensando que isso me abriria portas e talvez um grande empresário me notasse. Mas essa minha ousadia me custou caro: um mês depois, estava fora do banco, com meus sonhos despedaçados.

A vida não segue um roteiro fácil, e mais uma vez tive que recomeçar. Com o coração cheio de esperança e coragem, decidi ir para Portugal com meu noivo. Trabalhei muito por lá — em cafés, obras, qualquer coisa que ajudasse a construir nosso futuro. E, mesmo diante das dificuldades, consegui um visto de trabalho graças a outra mulher incrível, Heide Machado.

Nessa jornada, aprendi que somos capazes de tudo. O que mais me marcou, tanto profissional quanto pessoalmente, é que nosso corpo aguenta muito mais do que imaginamos. Descobri que sou mais inteligente e forte do que pensei ser possível. Também aprendi, de maneira dolorosa, que a saudade realmente dói, e que nossa família é o bem mais precioso que podemos ter nesta vida.

Mas o esforço não veio sem consequências. Sofri um infarto. Minha saúde começou a falhar, eu estava esgotada. Meu casamento chegou ao fim, e mais uma vez voltei ao Brasil com sonhos quebrados, mas nunca derrotada.

Foi então que Deus mostrou mais uma vez que estava cuidando de mim. Conheci o Diogo, um engenheiro de telecomunicações que viajava pelo mundo, e, por sorte, em 2010, ele estava em uma balada em Cuiabá. Eu estava dançando com um amigo dele, e percebi que ele me observava atentamente. A gente trocava olhares discretos, até que o amigo foi ao banheiro e ele aproveitou para me chamar para dançar. Claro que aceitei!

Foi aí que descobrimos algo em comum: éramos do mundo, apaixonados por viajar. Conversamos muito, mas nada aconteceu naquele momento. Três dias depois, meu telefone tocou. Adivinha quem era? Sim, o próprio Diogo, aquele moreno carioca da balada! Marcamos de nos encontrar em um barzinho e, a partir dali, rolaram química, admiração e aquelas famosas borboletas no estômago. Nosso amor floresceu e, mesmo com a distância, a gente conseguiu fazer dar certo. Ele trabalhava em uma multinacional e viajava pelo Brasil todo. O maior desafio era a saudade, porque passávamos meses sem nos ver. Sempre que ele podia, vinha a Cuiabá me visitar, e eu ia ao encontro dele quando surgia a oportunidade. Assim, a ponte aérea acabou virando parte da nossa rotina.

E, de repente, outra surpresa: eu estava grávida. Mas a jornada não seria fácil. Com quatro meses de gestação, tive uma hemorragia e descobri que estava com 80% da placenta descolada; a gravidez de Viviane foi uma verdadeira batalha. No entanto, mais uma vez, o impossível se tornou possível: nossa filha nasceu, ficou 13 dias na UTI por complicações no parto, mas após 20 dias ela já estava em casa e trouxe consigo uma luz indescritível.

Depois disso, nossa vida foi uma montanha-russa de desafios. Em virtude do trabalho de meu marido, mudamos para Curitiba (PR), depois para Angola e voltamos para Cuiabá, onde Diogo foi convocado para trabalhar na Arena Pantanal, que seria uma das sedes da Copa do Mundo de Futebol de 2014.

Em 2014, minha vida passou por grandes reviravoltas. Voltei para minha cidade natal, Cuiabá, e comecei a trabalhar na Honda. Pouco depois, fui convocada para ser secretária executiva de uma associação chamada NOA. Lá, me destaquei tanto como pessoa quanto como profissional. Sentia que era útil, sempre trabalhando, ajudando minha família, apoiando meu marido e cuidando da minha filha, que já estava na escola.

Foi um momento muito especial, pois, depois de tantas mudanças, me senti feliz e completa. Não que eu não fosse feliz enquanto seguia meu marido, mas me faltava algo no âmbito profissional, e, naquele momento, tudo se encaixou perfeitamente na minha vida.

Porém, a vida me surpreendeu novamente – tive outro infarto. Mais uma vez, estive à beira do abismo, mas Deus me deu forças para continuar, pois eu tinha por quem lutar: meu marido e minha filha. E segui em frente, determinada a me cuidar mais e dar uma desacelerada para ter mais qualidade de vida.

Terminados os trabalhos da Copa, mais uma vez nos encontramos em uma nova jornada, agora em Belo Horizonte (MG). Não sei exatamente o que Deus planejava para nós, mas uma coisa eu aprendi ao longo da minha vida: Ele sempre sabe o que faz. Confio de todo o coração que, assim como em todas as outras etapas, Ele nos trouxe até aqui por uma razão maior.

Diogo estava crescendo no trabalho, eu finalmente me sentia adaptada à nova vida em Belo Horizonte e Viviane estava feliz na escola. Era como se tudo estivesse se encaixando perfeitamente. Mas, de repente, veio a pandemia. O mundo parou e, com ele, nossos planos e rotinas foram interrompidos. Mais uma vez, estávamos diante de um desafio inesperado.

Eu e meu marido estávamos buscando há algum tempo uma nova atividade para conseguir uma renda e me recolocar no mercado de trabalho. De início, pensamos em investir em uma franquia e nos interessamos pela Cacau Brasil. Fomos a várias reuniões e até visitamos algumas lojas de empresários que já tinham essa franquia. Estávamos praticamente certos de que esse seria nosso novo negócio, mas, com a pandemia, tudo mudou. Tivemos que rever nossos planos, porque não era o momento de arriscar. Naquele ano, tudo era um grande ponto de interrogação e, para complicar, eu era do grupo de risco, então o isolamento em nossa casa foi total.

De repente, me vi vendendo bolos que fazia na minha própria cozinha. Tudo começou porque alguns amigos sabiam que eu amava fazer bolos – era sempre o presente que eu mais gostava de dar. Como na pandemia tudo ficou escasso, padarias e mercados começaram a entregar produtos de péssima qualidade, já que a demanda era baixa. Foi aí que meu telefone começou a tocar com pedidos de bolos. O que começou como um simples hobby se transformou em um negócio que cresceu, e DeliciasdacatitaBH floresceu.

Ainda hoje trabalho de casa, vendendo só por encomendas via Instagram e WhatsApp. Os desafios são imensos, porque tenho que conciliar o papel de dona de casa, mãe, mulher e empresária. Mas eu amo essa correria diária; sinto que nasci para cuidar e amar. E os bolos que faço são uma forma de entregar esse amor para o próximo. Cada bolo que preparo me proporciona essa sensação, pois sempre é feito para celebrar algo especial ou para receber alguém querido. Isso me faz sentir realizada, porque estou entregando amor em forma de bolo.

Entretanto, como sempre, as grandes conquistas vieram acompanhadas de novos desafios. Com apenas 10 anos, minha filha Viviane foi diagnosticada com câncer nos olhos. Nada pode descrever o desespero de uma mãe diante de uma notícia como essa. O chão parece desaparecer. A fé é testada até o limite.

Mas, mais uma vez, Deus interveio. O tratamento é doloroso, mas eficaz, e minha atividade me permite que eu a acompanhe nos procedimentos e seja o porto seguro que ela tanto precisa.

Hoje, a doença de Viviane está em remissão. Cada dia é uma vitória e cada sorriso dela é uma prova viva de que milagres acontecem.

Sou aquela menina do interior, cheia de sonhos, que passou pelo abandono paterno, mas cheguei até aqui. Passei por muitos lugares, tive sonhos, realizei alguns, mudei outros, mas sempre me mantive firme na fé. Acredito que finalmente encontrei meu propósito como empresária, e agora tenho a liberdade de cuidar da minha família, algo que sempre foi muito importante para mim.

Minha vida é repleta de milagres. A cada queda, a cada momento de dor, Deus esteve ao meu lado. Ele nunca me abandonou. E nos momentos bons, comemoro cada vitória, cada vida renovada. Eu nasci de novo três vezes, minha filha nasceu de novo, o renascimento faz parte da minha vida. Nas oportunidades e vivências que Ele nos proporcionou, sinto que basta confiar e entregar a Deus, mas devemos fazer a nossa parte: permita-se sonhar, realizar, conhecer, viver, permita-se errar, e se vierem as diversidades sobre as quais não temos controle, permita-se viver apesar delas, fortalecendo-se principalmente na fé. Sinto-me feliz, realizada e grata por ter vencido cada etapa, com seus altos e baixos, mas sempre com Deus à frente.

E, se posso deixar uma mensagem, é esta: não importa o quão difícil pareça, nunca perca a fé. Nunca perca a coragem de seguir em frente. Não sei o que o amanhã reserva, mas tenho certeza de que será perfeito, porque tudo o que Deus faz é assim: perfeito.

Essa sou eu, Catita. Uma mulher que sobreviveu a muitos obstáculos, que se levantou depois de cada queda e que, com a força dos anjos e a fé em Deus, continua sonhando e lutando por dias melhores, junto das pessoas que ama.

CAPÍTULO 9

Minha inspiração, meu exemplo, minha força

O inverno chuvoso e frio é como uma saudade sem fim, de um aconchego que não volta jamais. Mas, como num passe de mágica, a primavera, suas flores exuberantes, traz à mente lembranças de um passado feliz que vivenciamos. Carregamos em nossos corações exemplos de amor, de fraternidade, de perseverança e determinação e, assim, nossas histórias de vidas se entrelaçam e nossa conexão será eterna.

Claudete Maria Remor

CLAUDETE MARIA REMOR

Mãe da Ana Paula e do Alexandre Luís. Filha de Maria Lídia e Urnes José Remor (*in memoriam*). Técnica em Contabilidade e tecnóloga em Processos Gerenciais. Apaixonada pelo Associativismo. Presidente da Associação Comercial de Santa Helena de 2020 a 2024. Atuou como secretária do Conselho de Desenvolvimento dos municípios lindeiros ao Lago de Itaipu (gestão 2023-2024). Empresária na área de organização de eventos e decorações.

Contatos: claudeteremor@hotmail.com
Facebook: claudeteremor.remor
Instagram: @claudeteremor
45 99962 5669

Entre riscos e rabiscos e linhas em branco de uma folha de papel, me vêm à memória cenas da vida real de uma infância que não volta jamais, e nela a imagem de uma mulher que, mesmo em meio a tantas dificuldades, nunca sentiu falta de aconchego em seu lar.

Ela era filha, esposa e mãe, forte e corajosa, e também empreendedora. Mesmo com dificuldades e sem muitos recursos financeiros, tinha a determinação de vencer na vida.

Uma máquina de costura manual e uma lamparina de querosene tornavam suas noites incansáveis para atender a todos os pedidos que chegavam, e assim ela ia conquistando seu espaço no mundo da costura.

Organizou um espaço em sua humilde casa para ensinar a quem tivesse vontade de aprender o ofício da costura, com aprendizes e máquinas, além de papéis, medidas e moldes. E tudo com muita habilidade, pois as peças confeccionadas precisavam ter qualidade e requinte.

E, assim, cada pessoa que estivesse formada seguia seu caminho com uma profissão que poderia dar sustento a seus lares.

Um dia a lamparina a gás chegou, e isso facilitou os trabalhos. Mais tarde, a energia elétrica, o que foi um alívio, pois pedalar não era mais necessário. Conduzia os retalhos e no final havia uma linda peça para que seu cliente fosse galantemente a uma festa do Padroeiro ou a um baile de gala. Também poderia ser um vestido de noiva ou um vestido para a valsa de 15 anos, com minúsculas margaridas brancas de cetim nas mangas bufantes e saia rodada em organza cor de rosa, tudo feito com perfeição e requinte por mãos habilidosas, que também embalavam tantos sonhos, até mais do que embalavam seus filhos ninando para dormir. Essa mulher também podia estar preparando as refeições para sua família, ou simplesmente juntando as mãos em forma de prece aos céus clamando por bênçãos.

Nas minhas lembranças, vem à minha mente o vestido novo do Natal para ir à missa do galo, assim como um casaco vermelho, com detalhes de uma correntinha dourada que o enfeitava, para usar no inverno frio e chuvoso.

Um dia, veio uma forte provação: entregar aos anjos dos céus sua filha de apenas dois anos, levada pela paralisia infantil. Em meio a uma vida tão intensa, de alegrias e dores, nunca faltou o aconchego para a família e amigos, ou um prato de alimento para quem estivesse de passagem e parasse pedindo comida. A fé e a esperança a fizeram seguir em frente, e logo depois ela foi agraciada com a chegada de dois filhos, um de sangue e um do coração. E a vida ainda lhe reservava alegrias com o nascimento dos netos.

As condições foram melhorando. Além da máquina de costura, também tinha a parceria com seu esposo, um eletricista nato que aprendeu o ofício estudando à noite com a mesma luz das lamparinas a querosene, por meio de um curso por correspondência, o que nos dias de hoje equivale a um curso on-line, mas com revistas que chegavam pelo correio, sem qualquer interação com o professor, enviando a avaliação para correção e obtenção do diploma.

Trabalhando com afinco e determinação, o casal juntou as economias de muito trabalho e foi possível montar uma oficina autoelétrica, com peças e serviços para veículos. A história da costureira que vendia sonhos continuava, sempre tinha um tempinho para atender quem lhe procurava para confeccionar alguma peça de roupa.

Na época não existiam sistemas ou computadores; todos os controles eram feitos de modo manual. Essa mulher empreendedora, que havia cursado até o quarto ano primário, organizava o estoque das peças automotivas nas prateleiras de madeira nobre, construídas por seu pai. Criava também um código com letras, representando informações com o valor exato de cada item. Isso facilitava as vendas parceladas ou a possibilidade de oferecer descontos nas vendas à vista. Foram tempos bem vividos, com muito trabalho, mas também com viagens e momentos alegres em família e entre amigos.

No ano de 1997, seu companheiro de jornada por mais de três décadas adoeceu, vindo a falecer. Novamente vieram dias incertos e dificuldades, pois não estava conseguindo contratar colaboradores capacitados para oferecer serviços de qualidade aos clientes, como estavam acostumados. E foi aí que essa mulher guerreira retornou à sua máquina de costura, para se distrair da dor da separação e obter o sustento da casa.

Ela nunca se curvou ao desânimo; sempre foi solidária às causas da comunidade colaborando nas mais diversas pastorais da igreja, intercedendo ou catequizando crianças e incentivando-as a participar da infância missionária, organizando os coroinhas da igreja ou clamando aos céus bênçãos a quem lhe era solicitado.

Nas festas da comunidade, lá estava ela, ajudando. Com muita sabedoria, tinha sempre uma palavra de incentivo, motivando para que cada um fosse em busca de seus sonhos. Com seu celular simples, fez muito mais do que qualquer pessoa que tem acesso às redes sociais, pois mantinha contato com uma grande rede de amigos, com os quais conversava toda semana, frequentava a igreja e sabia informar sobre os acontecimentos do mundo.

Ela recomendava que os direitos das crianças fossem observados, para que houvesse paz no mundo e justiça entre os povos, que soubéssemos preservar a natureza cuidando do meio ambiente e seus recursos naturais, não nos esquecendo jamais dos cuidados com os animais, pois eles também são obras do Criador.

Seus cabelos já estão brancos, seu corpo curvado pelo peso da idade, mas em seus cadernos de anotações seus contatos telefônicos estão anotados por ordem alfabética e suas despesas mensais anotadas por ordem de mês com data, para que o dinheiro foi investido e o devido valor.

Em Eclesiastes 3 versículo 1, a palavra de Deus nos diz: "Há um tempo para cada coisa debaixo do sol, tempo de plantar, de colher, de nascer, de viver e de morrer".

Suas mãos habilidosas, que tanto ninaram seus filhos, prepararam alimentos, se juntaram em preces ao Criador, ensinaram e serviram a tantas pessoas, hoje estão frias e postas em sinal de oração. Seus lábios, que tantas vezes pronunciaram palavras de esperança, de fé, de bênçãos e de incentivo, hoje estão pálidos. Seu legado de mulher de fé, solidária a tantas causas e de caráter inigualável, perpetuará em nossos corações e por nossas gerações futuras, assim como nos corações de tantas pessoas que ela direcionou tanto na vida espiritual como na vida profissional.

Seu telefone está mudo. As flores que hoje recebe são o símbolo da expressão mais sincera como forma de gratidão e carinho por ter de alguma forma marcado a vida de tantas pessoas. Sua casa sempre será nosso ponto de encontro e nossas refeições serão em torno da mesa onde sempre estivemos reunidos.

Mãe, você para sempre estará em nossos corações!

Conclusão

Seja protagonista de sua história de vida.

Dizem que, para dar sentido à nossa existência, toda pessoa precisa plantar uma árvore, ter um filho e escrever um livro.

Como paisagista plantei centenas de árvores e tenho dois filhos maravilhosos. Faltava então escrever um livro.

Para minha surpresa, fui convidada a participar desta obra magnífica. Seria esta então a oportunidade de deixar pequenas memórias, dando um sentido maior à minha existência como mulher.

O convite me deixou muito feliz e imediatamente comecei a rascunhar minha história, relembrando fatos de uma empreendedora bem-sucedida, mas algo não estava certo: as frases não se encaixavam e não davam sentido ao texto.

Nesse mesmo período, minha mãe teve um grave problema de saúde e precisou de cuidados. Eu e meus irmãos dividíamos nosso tempo com os cuidados dedicados a ela. As horas eram intermináveis, nossa mãe não se recuperava mesmo com todos os cuidados médicos, e meus textos também não evoluíam. Não estavam tendo sentido.

E foi numa triste manhã ensolarada que ela voltou para a casa do Pai. Muitas vezes não entendemos os desígnios de Deus em nossas vidas e, refletindo sobre tudo o que vivi naqueles meses, entendi que devo minha existência a ela, e a história que eu deveria escrever era da minha mãe, Maria Lídia, precedendo a minha.

Na sua presença, realizei sonhos. Inspirada nos jardins das flores de nossa casa, um dos meus projetos, ainda na adolescência, era levar alegria para as pessoas através de um simples buquê de flores ou um vaso de violetas, e, com o incentivo e apoio financeiro de meus pais, montei minha empresa: uma floricultura.

Na época não havia fornecedor que fizesse entrega em minha cidade: era preciso me deslocar 120 km para aguardar o caminhão das flores e trazer produtos de qualidade para atender aos clientes. Utilizava o carro de passeio de meus pais, acompanhada do meu pai, que também me ajudava a limpar as flores nas datas comemorativas. Minha mãe aguardava ansiosa nosso retorno, sempre incentivando e divulgando as flores, ou então, como boa gaúcha que era, servindo um bom chimarrão para os clientes.

É gratificante entregar flores para as pessoas; algumas ficam surpresas, outras choram de felicidade. Com o passar do tempo, ampliei a gama de produtos na floricultura e busquei me aperfeiçoar em trabalhos artesanais, como elaboração de peças em cerâmica, gesso, vitrais e restauração de imagens sacras, vindo mais tarde a ministrar cursos, compartilhando meus conhecimentos para que outras pessoas tivessem a oportunidade de aprender essa arte.

Fui ampliando os serviços prestados na empresa, executando projetos de paisagismo, decorações de ambiente e finalmente organização de eventos. Mesmo com todo trabalho na minha empresa, sempre estive pronta a colaborar com meus pais, afinal éramos uma família e eles que haviam me proporcionado a oportunidade de ser empresária, realizando meu desejo antes mesmo de eu atingir a maioridade. O sonho deles era ver os filhos felizes, bem-sucedidos na vida, pessoas de bem.

Seguindo os exemplos de meus pais e incentivada pela minha mãe, iniciei bem jovem os trabalhos voluntários na comunidade e em clubes de serviços, até ser convidada a participar da diretoria da Associação Comercial e Empresarial de Santa Helena (ACISA), da qual meu pai havia sido um dos sócios-fundadores e participado da primeira diretoria. Meu irmão também teve sua participação na Associação Comercial, presidindo uma gestão.

Eu participava ativamente na entidade, presidindo por uma gestão o Conselho da Mulher Empresária. Foi um período complexo, pois havia muitas dificuldades na entidade.

Em 2020, chegou a minha vez de contribuir para a entidade, assumindo a presidência. Completo minha segunda gestão em 31 de dezembro de 2024, na qual, por meio do associativismo, deixo meu legado de mulher perseverante e forte e meus propósitos de dias melhores para todos, afinal nossos sonhos não podem ser uma utopia.

Era preciso me reorganizar e dividir meu tempo entre família, empresa e entidade, afinal precisava, a exemplo de minha família, realizar um ótimo trabalho.

Com a chegada da pandemia da Covid-19 vieram as dificuldades tanto na entidade como na empresa, e num piscar de olhos perdemos familiares e amigos.

Nosso trabalho à frente da entidade era quase que ininterrupto, pois havia muitos decretos dizendo que precisávamos fechar as portas de nossas empresas, uma vez que naquele momento o que importava era preservar a vida.

Assim como eu, os meus familiares também tomaram todos os cuidados para que nossa mãe não fosse acometida pela Covid-19, e quando tudo passou foi um alívio, pois ela estava ali, segura.

A vida me desafiou muitas vezes, tive dias de luta e dias de glória, dias alegres e outros de tristeza, afinal uma guerreira também chora. Tive dias exaustivos em que foi preciso recomeçar inúmeras vezes, e dias de solidão mesmo estando rodeada de pessoas. Muitas foram as vezes que precisei transpor barreiras que pareciam ser intransponíveis. Muitas vezes, precisei tomar decisões que trouxessem consequências drásticas para minha vida e a de meus filhos.

Mas em nenhum momento faltou em minha vida o apoio incondicional de minha família, a presença de minha mãe, na maioria das vezes no silêncio de seu coração, com uma prece ao Criador, rogando bênçãos sobre meus projetos, outras vezes trazendo uma flor que ela mesmo havia cultivado, ou então um alimento preparado com muito carinho.

Ela sempre esteve presente em minha vida e na vida de meus filhos, seus netos. Seus exemplos e sua sabedoria nortearam minha vida, sua presença em minhas conquistas era constante e dizia que meu pai tinha orgulho por eu estar seguindo seus passos e honrando o nome de nossa família. E suas últimas palavras a mim dirigidas foram: "Claudete, tenho confiança em você...".

Que as minhas simples palavras sirvam de inspiração e de motivação para que tantas Marias, Lídias, Claudetes e Anas escrevam sua própria história na linha do tempo de suas vidas, mesmo havendo dias de sol, outros nublados, outros de chuva, mas sempre teremos bênçãos dos céus em nossas vidas e um novo recomeço sempre é possível.

Que nossos exemplos sejam para transformar e motivar a todas as mulheres que com sabedoria divina trabalham para uma sociedade mais justa, mas, acima de tudo, pelo bem comum.

Gratidão a Deus pela nossa existência. Gratidão a Deus pela graça de ter filhos maravilhosos: Ana Paula e Alexandre Luís.

CAPÍTULO 10

Coragem por amor e fé

Este texto tem o propósito de levar a uma reflexão sobre a importância da resiliência no desenvolvimento de habilidades que permitam um redirecionamento de rota. Continuo em busca da minha melhor versão. Espero entregar excelência em todos os ramos da minha vida, confio em Deus para me sustentar e guiar pelo caminho, permitindo que eu possa me tornar um ser humano melhor e mais digno.

Dea Heleno

DEA HELENO

Formada em Odontologia pela Universidade Vale do Rio Verde (Unincor) em Três Corações (MG) em 1999, é especialista em Endodontia pela Universidade Federal de Alfenas (Unifal-MG) e Radiologia e imaginologia pela Associação Brasileira de Odontologia em Goiânia (GO). Já atuou nas cidades de Belo Horizonte, Barbacena, Baependi, Lambari, São Paulo e de Goiânia e hoje é proprietária de consultório especializado em endodontia microscópica em Cuiabá (MT) e endodontista na Clínica Amistà Espaço e Saúde.

Contatos: deaheleno@yahoo.com.br
Instagram: @deaheleno
65 99289 8755

Exemplos

Ao pensar em como iniciar esta história sem recorrer a palavras comuns como "gratidão", não consigo pensar em outra que expresse tão bem o que sinto ao participar desta obra.

Ao olhar para minha família, com todos os seus desafios, acredito que seria impossível não me tornar uma pessoa de sucesso.

Meu pai, formado em Letras, morava na zona rural e só pôde estudar porque ingressou em um seminário aos 13 anos. Ele é escritor, professor e uma pessoa muito à frente de seu tempo. Tenho grande orgulho de chamá-lo de pai.

Meu irmão é um exemplo de profissionalismo. Competente, organizado e, para mim, o melhor dentista que já conheci.

Mas vamos às mulheres: sempre estive cercada por mulheres fortes. Minha mãe, em uma época em que as mulheres precisavam se esforçar ao máximo para ocupar espaços dominados por homens, se tornou professora universitária. Formou-se em Matemática aos 40 anos e chegou a lecionar na instituição onde se formou. Antes disso, ela se dividia entre as tarefas domésticas, que incluíam cuidar de três filhos (duas gêmeas e um menino), a faculdade e a profissão de costureira. Mesmo com sua rotina apertada, guardo memórias preciosas, como uma viagem à fazenda, em que ela fez uma peteca de palha de milho com penas de galinha-d'angola – a mais linda que já tive.

Além de ser uma mãe zelosa, ela tinha um coração enorme. Sempre ajudava quem estava por perto. Quando faleceu, percebemos o quanto era querida. Ela enfrentou com coragem uma doença degenerativa e nunca a vimos lamentar.

Também tenho a alegria de ter uma irmã gêmea, uma mulher espetacular. Com uma personalidade forte e sempre ativa, ela adora receber a família e está sempre pronta para ajudar. Sua casa é um lar onde nunca faltam café e bolo, e seu coração gigante lembra muito o da nossa mãe.

Além dessas duas mulheres incríveis, muitas outras passaram pela minha vida; mulheres de todas as trajetórias e escolhas. Seja como mães, seja como empreendedoras, ou aquelas que escolheram não ter filhos, todas me influenciaram de forma única. Carrego comigo um pedaço de cada uma, e sou grata a Deus por tê-las colocado no meu caminho.

A origem

Cresci em uma família de classe média e me considero privilegiada em vários aspectos, não apenas no econômico, mas também e principalmente no social. Recebi tudo o que era necessário para me tornar uma pessoa íntegra, com princípios sólidos.

Me formei em Odontologia em 1999 e desde então atuo na área. Demorei um pouco para escolher minha especialização, finalizei especialização em Endodontia em dezembro de 2009 e, mais recentemente, em Radiologia e Imaginologia, em janeiro de 2021. Atualmente, dedico-me exclusivamente à Endodontia.

Meu irmão mais velho e minha irmã gêmea tiveram grande influência nas minhas escolhas profissionais. Ele me inspirou a seguir a Endodontia, e ela me encorajou a fazer Radiologia. Todos compartilhamos a mesma formação acadêmica.

O caminho

O início da minha carreira foi desafiador, como é para muitos recém-formados. Comecei a trabalhar em uma clínica popular em Belo Horizonte (MG), buscando adquirir experiência. Saía de casa às 7h e voltava às 20h, o que me fez perder bastante peso na época. Apesar de ter ficado lá por apenas quatro meses, essa experiência foi valiosa para minha formação. Naquele momento, montar um consultório próprio era inviável pelo alto investimento necessário, um valor que eu não possuía.

Trabalhei com diversos colegas e, com o tempo, percebi que aquele ambiente não era adequado para mim. Os atendimentos eram realizados em ritmo acelerado, e essa velocidade não combinava com meu estilo de trabalho. Sabia que precisava sair, mas não tinha certeza de como ou para onde ir. Felizmente, antes de me formar, eu havia sido aprovada em um concurso público de uma prefeitura no sul de Minas Gerais. Em maio de 2000, fui convocada para assumir a vaga, o que me permitiu sair da clínica com a segurança de um emprego garantido.

Foi uma oportunidade interessante. Pude sair da clínica já com a garantia de um emprego. Passei a observar que, no serviço público, muitos agem como se estivessem fazendo um favor à população, mas também há profissionais que levam sua função a sério e trabalham arduamente. Eu me esforcei para ser uma dessas pessoas que fazem a diferença no mundo, embora fosse difícil não me importar com a inação alheia. Aprendi que, independentemente do que os outros fazem, é essencial estar em paz com a própria consciência, mesmo quando isso significa carregar responsabilidades de alguns consigo.

Além do trabalho na prefeitura, busquei outras fontes de renda, já que trabalhava por apenas dez horas semanais. No entanto, naquela época, eu era diferente do que sou hoje: pouco ambiciosa, insegura e com baixa autoconfiança. Foi um ano difícil, marcado pela desconstrução de sonhos e certezas.

Meus pais se separaram no penúltimo ano da minha faculdade, e isso foi desafiador para toda a família. Eu acreditava que eles envelheceriam juntos, mas essa foi a primeira verdade desconstruída. Também rompi com meu namorado de alguns anos. Tínhamos planos, mas de repente tudo se perdeu.

Os anos seguintes foram complicados. Enfrentei um episódio de depressão e, embora meus pais estivessem presentes fisicamente, emocionalmente precisavam de tanto suporte quanto eu. Meus irmãos também travavam suas próprias batalhas.

Alguns anos se passaram, com algumas escolhas ruins, mas nada que comprometesse meu futuro. A depressão foi contornada, surgiram novos amigos, alguns namorados, novos objetivos, novos projetos e o mundo foi tomando cor novamente.

Ainda um pouco confusa e cheia de dúvidas, comecei a fazer escolhas que foram decisivas para meu futuro. Decidi voltar para minha cidade natal, Barbacena (MG), onde me tornei sócia de uma clínica junto com minha irmã e meu cunhado. Com o incentivo do meu irmão, fiz minha primeira especialização e comecei a trabalhar com ele em Baependi (MG), realizando tratamentos de canal. O trabalho fluía bem e havia uma boa demanda.

Então, comecei a me organizar para me mudar para a cidade do meu irmão. Uma cidade pequena, mas culturalmente rica e bem localizada geograficamente, a quatro horas e meia de São Paulo e do Rio de Janeiro, e a cinco horas de Belo Horizonte.

Em fevereiro de 2009, conheci meu marido, que morava em São Paulo (SP). As viagens entre as cidades se tornaram cansativas e, em dezembro de 2010, me mudei para São Paulo. Desfiz a sociedade na clínica, mas continuei atendendo em Barbacena uma vez por mês e semanalmente em Baependi e Lambari (MG). Já com alguma experiência, busquei oportunidades em São Paulo e me estabeleci em uma clínica cujos princípios comungavam com os meus. Foram cinco anos felizes na profissão, embora o trânsito de São Paulo fosse um desafio.

Em 2013, engravidei do meu primeiro filho, Lucas, e comecei a reorganizar minha agenda, reduzindo os atendimentos em Minas e aumentando em São Paulo. A última viagem que fiz grávida foi com 32 semanas. Lucas nasceu em 11 de agosto de 2014 e, com a maternidade, vieram as inseguranças e cobranças. Felizmente, tínhamos uma pessoa maravilhosa, Mirian, mulher forte, batalhadora, amorosa, dedicada e empática, que cuidou do meu pequeno Lucas enquanto eu voltava ao trabalho, quando ele fazia dois meses de idade. No final daquele ano, meu marido recebeu uma proposta para se transferir para Goiânia (GO).

A transferência, como todas as decisões que tomamos, foi discutida, ponderada e achamos que seria o melhor para nossa família. Em termos econômicos não nos afetaria, já que meu marido receberia um aumento, além de Goiânia ter um custo de vida mais baixo. Foi difícil pra mim pela parte profissional, pois eu estava bem-posicionada em São Paulo. Mas havia uma questão que foi definitiva para a decisão que tomamos. Nessa época estavam acontecendo casos de roubos de carros com crianças dentro, que eram noticiados com frequência em São Paulo. Eu tinha muito medo que isso acontecesse conosco. Embora satisfeita com o estágio que atingi profissionalmente, não via São Paulo como meu lugar no mundo. Faltava alguma coisa.

Em 2015, nos mudamos para Goiânia, onde nasceu nossa segunda filha, Isabela, em agosto de 2017.

Em Goiânia, não consegui retomar minha carreira com a mesma intensidade. Com meu marido viajando muito e sem uma rede de apoio, meus filhos ocupavam grande parte do meu tempo. Sentia falta de me dedicar mais à profissão, e foi então que decidi me especializar em Radiologia, uma área que me permitiria trabalhar de casa e ser mais flexível em caso de novas mudanças.

Iniciei minha especialização em agosto de 2018, em Goiânia, mas logo meu marido foi transferido para Cuiabá (MT). Confesso que essa mudança foi muito difícil para mim, pois adorava Goiânia e estava no meio da especialização. O calor de Cuiabá também foi um desafio. Nos mudamos em agosto de 2019, e, embora inicialmente relutante, percebi que não havia muitas alternativas. Nessa época, eu praticamente não contribuía financeiramente.

No novo cargo, meu marido tinha viagens frequentes, não havia rede de apoio, e eu estava tomando conta dos filhos de 5 e 2 anos.

A adaptação foi complicada, especialmente para meu filho mais velho. Seis meses depois, a pandemia de Covid-19 começou, afetando nossa vida e a de todo mundo. Em meio a tudo isso, minha mãe foi diagnosticada com uma doença degenerativa e faleceu em setembro de 2020, uma das perdas mais dolorosas da minha vida; foi minha primeira grande perda.

Meu segundo episódio de depressão aconteceu nessa época. Os quadros depressivos nunca me paralisavam e, mesmo com todo desânimo, eu sempre me mexia para criar condições de me levantar. E isso sempre acontecia.

Para minha surpresa, Cuiabá se mostrou uma cidade acolhedora. Apesar das condições climáticas desfavoráveis, com o calor e as queimadas que tomam conta do estado nos meses de agosto e setembro, encontrei pessoas maravilhosas e oportunidades profissionais.

E assim comecei um processo de retomada profissional. Concluí minha especialização em Radiologia em janeiro de 2021 e voltei a exercer a Endodontia em três consultórios. Em 2022, senti a necessidade de abrir meu próprio consultório especializado em Endodontia. Queria trabalhar com microscópio e para isso eu precisava de um espaço físico. Para isso, vendemos um carro e encontrei um espaço adequado, com uma recepção compatível com o público almejado; a sala era pequena, mas inicialmente atenderia à minha necessidade. Comecei os atendimentos em junho de 2022 e, com o tempo, fui conquistando pacientes e crescendo. Um ano depois, já precisei contratar ajuda e, com Dirce ao meu lado, um presente de Deus em minha vida, sigo desenvolvendo meu negócio.

Um duro golpe

Em julho de 2023, durante o retorno das férias, sofremos o maior golpe de nossas vidas. A cerca de 60 quilômetros de Rondonópolis (MT), na altura de Pedra Preta (MT), uma peça se soltou de um caminhão que vinha no sentido oposto. Ela atravessou o para-brisa, atingiu meu ombro, arrancou o encosto de cabeça do meu banco, atingiu a cabeça do meu filho no banco de trás e saiu pelo vidro traseiro. Ele faleceu na hora, a 20 dias de completar nove anos. Meu marido e minha filha não sofreram ferimentos físicos, mas o impacto emocional foi devastador. Esse foi o pior dia da minha vida.

Perder um filho é uma dor impossível de descrever, e a transformação que isso nos causa é inimaginável. No entanto, foi um divisor de águas para mim. Nesse momento eu percebi a força que tenho. Escolhi não me apegar à perda, mas sim aos nove anos que vivi com meu filho. Eu o amei e amo infinitamente. E quero continuar sendo a mãe zelosa e dedicada que sempre fui. Minha filha merece ter uma mãe inteira. E foi essa escolha que eu fiz. Escolhi também estar próxima a pessoas que me fazem bem e longe das que reclamam demais. Quero estar junto das pessoas que são gratas.

Voltei ao trabalho após dez dias de luto intenso. Após quatro meses, retomei as atividades físicas com esforço e disciplina. E, após oito meses, mudei meu consultório para um ambiente melhor, conseguindo aumentar minha clientela e meu faturamento, apesar de toda a dor.

Hoje, sinto que encontrei meu lugar no mundo e me sinto feliz por estar onde estou. Minha família, meus amigos, minha profissão e minha fé são o que me sustentam e continuarão guiando meus passos daqui para frente.

CAPÍTULO 11

Renascendo das cinzas

Uma jornada de superação

No momento mais sombrio de minha vida, quando todas as esperanças pareciam perdidas e o fundo do poço se tornou minha morada, encontrei uma força que nunca soubera possuir. As dificuldades, antes vistas como obstáculos intransponíveis, se tornaram degraus que me conduzem para mais perto da luz. A resiliência se tornou minha maior aliada, guiando-me pelo caminho da transformação.

Edna Rubio

EDNA RUBIO

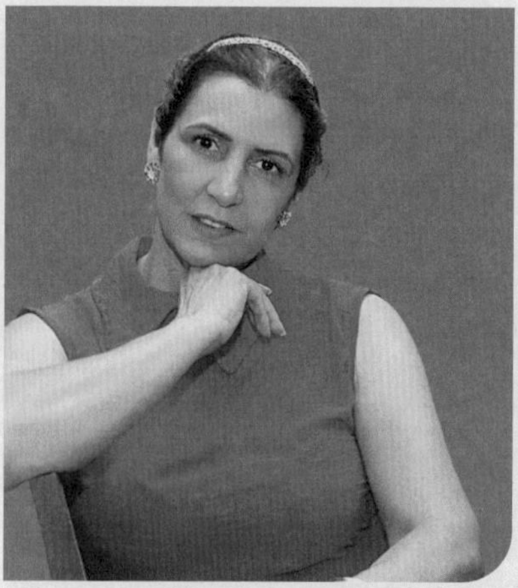

Formada em Administração de Empresas pela União Dinâmica das Cataratas (UDC), com pós-graduação em Gestão Econômico-Financeira e Gestão de Pessoas pela UniAmérica, em Gerenciamento de Projetos pela Fundação Getulio Vargas (FGV) e Estudo de Fronteiras Bilaterais entre Brasil e Paraguai pela Universidade Federal da Integração Latino-Americana (Unila). Certificada pelo programa Empretec do Sebrae/PR. Atualmente, exerce as seguintes funções: diretora de Empreendedorismo na Prefeitura de Foz do Iguaçu, conselheira do CRA/PR (gestão 2025-2026), coordenadora do Comitê Mulher Sicoob Três Fronteiras, coordenadora do Trilha da Mulher, movimento voltado para o desenvolvimento do empreendedorismo feminino entre as mulheres iguaçuenses, e consultora credenciada pelo Sebrae/PR.

Atuou por quatro anos como coordenadora do Programa Empreender e secretária executiva da Associação Comercial e Empresarial de Foz do Iguaçu (Acifi), por dois anos como coordenadora executiva do Conselho de Desenvolvimento Econômico e Social de Foz do Iguaçu (Codefoz) e como coordenadora executiva do Conselho de Desenvolvimento da Região Trinacional do Iguassu (Codetri).

Contatos: ednarubia@gmail.com
Instagram: @ednarubio75
Facebook: Edna Rubio
LinkedIn: Edna Rubio
45 99977 6017

Entre a retina e os sonhos, há sempre um olhar de resiliência e oportunidade.

Edna Rubio

Nasci na zona rural do Paraguai em 21 de abril de 1975. Desde cedo, enfrentei adversidades que marcaram profundamente minha infância. A pobreza era uma companheira constante, e a luta diária pela sobrevivência moldou minha resistência. Filha de Leonilda e José, imigrantes paranaenses no Paraguai, tenho cinco irmãos e uma irmã. Fui alfabetizada em espanhol, mas sofri hostilidade e agressões dos colegas e professores paraguaios por ser filha de brasileiros. Entre as punições que sofri, lembro das palmatórias, de me ajoelhar no milho em frente aos colegas e de ser trancada por horas em um banheiro insalubre.

Costumo dizer que já vivi "seis vidas" e a que me resta estou vivendo intensamente. Explico:

Com três meses, enfrentei uma infecção intestinal causada por leite em pó vencido, única opção que meus pais tinham para me alimentar, e foi a primeira vez que encarei a morte. Aos quatro anos, durante um momento em família à beira do rio, me afoguei e fui salva por um tio, que mergulhou ao perceber minha ausência. Aos dez anos, ao me aquecer perto de uma fogueira em um dia muito frio, sem perceber, sentei-me onde minha roupa entrou em contato com o fogo, resultando em queimaduras de terceiro grau em boa parte do corpo. Fiquei um ano afastada da escola e seis meses sem poder me sentar, mas a vida não pode parar.

Na adolescência, dividia meu tempo entre o trabalho árduo na roça e o sonho de estudar. Apesar do cansaço físico e das dificuldades financeiras, mantinha o foco nos estudos, pois no Paraguai, onde residia, a escolaridade era limitada até a sexta série. Decidi, então, fazer um supletivo no Brasil, em Foz do Iguaçu (PR). Com 16 anos, procurei informações sobre a Educação de Jovens e Adultos (EJA) e, após uma avaliação, descobri que precisaria retornar à quarta série pela falta de conhecimento em português, história e geografia do Brasil. Não desanimei; iniciei meu supletivo estudando em casa e indo a Foz do Iguaçu de duas a três vezes por mês para realizar as provas.

A região onde eu morava no Paraguai ficava a 65 quilômetros de Foz do Iguaçu, dos quais 18 eram de estrada de terra. Muitas vezes, tive que enfrentar o perigo e expor-me a situações de risco para voltar para casa. Minha determinação em estudar foi o farol que me guiou durante esses anos desafiadores.

Com 18 anos, deixei o interior do Paraguai e trabalhei como empregada doméstica para uma família em Porto Alegre (RS). Apesar das dificuldades, consegui concluir o ensino médio via supletivo e, após não conseguir ingressar em Direito na Universidade Federal do Rio Grande do Sul (UFRGS), tentei Pedagogia na Fapa. Antes de iniciar a faculdade, meu pai entrou em contato e pediu que eu retornasse ao interior do Paraguai, pois havia descoberto um câncer e desejava a presença de sua filha. Com o coração partido por adiar o sonho de cursar uma faculdade, voltei para casa. Apesar dessas adversidades, sempre acreditei que temos um propósito neste mundo. O meu sempre foi claro: estudar, focar no meu crescimento profissional e colaborar para o desenvolvimento de outras pessoas.

Após dois anos no Paraguai, com a saúde do meu pai estabilizada, decidi me mudar para Foz do Iguaçu e não ir para uma cidade tão distante, pois queria ficar próxima da minha família. Comecei a trabalhar no Autosserviço San Blas, em Ciudad del Este, onde meu turno era das 5h às 17h. Lá, conheci uma pessoa com quem iniciei um namoro – meu primeiro relacionamento sério. Dois anos depois, começamos a morar juntos. Meu marido sempre me pressionava para ter um filho, mas eu sempre adiava o plano por não termos condições financeiras e estabilidade profissional. No entanto, após muitas insistências, cobranças e ameaças de separação, acabei concordando e fiquei grávida. Minha gravidez foi bastante tumultuada, com várias mudanças de casa durante esse período, e trabalhei até a última semana antes do nascimento do meu filho.

No dia 28 de março de 2001, nasceu meu filho, Adrian, de parto normal realizado em uma instituição pública. Foi um momento de muita dor e sofrimento, pois meu filho nasceu com peso e tamanho acima do normal, mas, ao vê-lo, toda a angústia se transformou em uma alegria misturada com medo e preocupação, pois sabia que a partir daquele momento ele seria minha prioridade. Ele tinha 35 dias de vida quando seu pai perdeu o emprego, e eu precisei voltar ao trabalho 45 dias após o nascimento dele. Foi um momento doloroso, pois não pude mais amamentar e estar com ele durante os primeiros meses. A avó paterna passou a cuidar do bebê para que eu pudesse retornar ao trabalho. No entanto, comecei a sentir que algo não estava certo. A vontade de estar naquela situação diminuía, e voltar para casa após o trabalho se tornou um desafio constante. Por causa dessa situação, oito meses após o nascimento do Adrian, seu pai decidiu ir embora, deixando-me sozinha com o bebê e em uma situação financeira muito difícil. A partir desse momento, tudo piorou. Cada dia se tornava um pesadelo, e minha desesperança levou à primeira tentativa de suicídio, que envolveu o uso de remédios e bebida alcoólica.

A dor só aumentava, e logo veio a segunda tentativa de suicídio. A angústia persistia, levando à terceira tentativa. Um dia, meu pai veio do Paraguai para me visitar e encontrou-me em uma situação deplorável, em extrema magreza e quase me tornando alcoólatra, pois a bebida era meu escape da dor. Diante da situação, meu pai levou meu filho e a mim de volta para o interior do Paraguai, onde passei dois anos tentando me recuperar. Não foi fácil; senti como se estivesse retornando ao útero da minha mãe e, ao renascer, precisasse aprender a viver de uma forma diferente. E foi exatamente isso que eu fiz.

Certa vez, enquanto estava sentada, perdida em pensamentos, perguntei a mim mesma: "O que estou fazendo com a minha vida?". Eu já havia sofrido tanto para chegar até ali, e a decisão de continuar sofrendo dependia exclusivamente de mim. Foi então que decidi retornar a Foz do Iguaçu, encontrar um trabalho e recomeçar minha vida. Pode parecer que foi uma decisão rápida e fácil, mas não. Retornei a Foz do Iguaçu e consegui um emprego. Com a ajuda financeira do meu pai, aluguei uma quitinete e comprei alguns móveis essenciais para mim e para meu filho, o que me permitiu retomar a vida. A avó paterna do meu filho aceitou cuidar dele enquanto eu trabalhava e recomeçava minha trajetória. Embora meu salário não fosse alto, era suficiente para sobreviver.

Um ano depois, consegui ingressar na faculdade de Administração. Pagar a mensalidade da faculdade, além de cobrir aluguel, luz, água e alimentação, foi desafiador, mas consegui superar as dificuldades e seguir em frente. Em 2006, minha vida começou a mudar. Lembro que, em 2005, estando sozinha na quitinete onde morava, me ajoelhei e chorei muito. Estava cansada da solidão e desejava alguém com quem compartilhar a vida. Olhei para o céu e pedi a Deus que enviasse um homem que fosse honesto, com uma condição financeira equilibrada, nem muito bonito nem muito feio, mas, acima de tudo, fiel a mim, à família e a Deus. Em 2006, conheci alguém através da rede social Orkut, em uma comunidade chamada "Eu sou fiel". Nossa conversa começou sem grandes expectativas, mas, com o tempo, nos tornamos amigos e, um ano depois, começamos a viver juntos. Hoje, após 17 anos de muito amor, companheirismo, respeito e fidelidade, temos uma filha linda, que Deus nos enviou após dois abortos.

Hoje, com quatro pós-graduações concluídas, estou em um novo estágio profissional, aplicando todo o conhecimento que adquiri ao longo da vida. Tenho experiência em diversas empresas e instituições, além de trabalhar em projetos voltados ao desenvolvimento empreendedor e à liderança, com foco especial em mulheres.

Nós, mulheres, devemos ocupar nosso lugar. Muitas vezes, somos nós mesmas que nos impedimos, com crenças e limitações que criamos. Embora vivamos em um mundo com desigualdades e preconceitos, é crucial que nos conscientizemos de nosso poder e lutemos pelos nossos espaços. Acreditar em si mesma é o primeiro passo para transformar sonhos em realidade e desafios em oportunidades. Eu acreditei em mim mesma e estou aqui para mostrar que desistir ou persistir depende de nós.

A história está cheia de mulheres corajosas que desafiaram normas e abriram caminhos para futuras gerações. Devemos nos inspirar nessas histórias de superação e reconhecer nossa própria força e potencial. Acreditar em si mesma é reconhecer seu valor e nossas conquistas, entendendo que cada mulher é única e tem uma contribuição especial para dar ao mundo. A autoconfiança é essencial para enfrentar desafios e romper barreiras, criando possibilidades para si e para os outros.

Lutar por nossos espaços é um chamado à ação. Significa desafiar limitações e buscar novas oportunidades de crescimento. Nós, mulheres, devemos apoiar umas às outras, formando redes de solidariedade. Juntas, somos mais fortes e capazes de realizar feitos extraordinários. Ao acreditarmos em nós mesmas e lutarmos com determinação, não só conquistamos nossos espaços, mas também inspiramos as futuras gerações para um mundo mais justo e igualitário. Acredite em você mesma, lute com paixão, e cada passo em direção aos seus objetivos traz um futuro mais brilhante e igualitário. Nunca se esqueça: você tem o poder de transformar o mundo.

Hoje, ao ser convidada para palestrar sobre minha história de superação, foco e persistência, sinto-me honrada e feliz. Alguns podem ver isso como um sinal de fraqueza, mas, para mim, compartilhar minha jornada, mesmo com suas fraquezas e desafios, revela a verdadeira força que tive para chegar aonde estou.

Espero que minha história inspire outras mulheres a nunca desistirem de seus sonhos, independentemente das circunstâncias. Com foco, persistência e resiliência, podemos transformar nossa realidade e inspirar aqueles ao nosso redor. Esta narrativa reflete minha trajetória como mulher que, apesar das dificuldades, nunca deixei de acreditar em meus sonhos e na possibilidade de alcançar o topo da minha realização pessoal. Ainda não cheguei onde almejo, mas luto todos os dias para chegar lá!

CAPÍTULO 12

O poder da escolha

Para que nossos sonhos sejam realizados, precisamos escolher o que queremos, pois, quando focamos, planejamos as metas, traçamos objetivos e planos de ação para alcançar o foco, e é com essa persistência e determinação que compartilho com você a minha trajetória.

Elisangela Araujo da Silva Castelhano

ELISANGELA ARAUJO DA SILVA CASTELHANO

Formada em Ciências Contábeis pela Universidade de Cuiabá (Unic). Especialista em Comportamento Humano nas Organizações e Controladoria e Finanças pela Universidade Federal de Mato Grosso (UFMT). *Professional & self-leaders* coach, analista comportamental e 360º pela Faculdade Monteiro Lobato em parceria com o Instituto Brasileiro de Coaching (IBC). Certificada em Compliance e Gestão de Crédito e Risco pela Dom Cabral no programa de Educação Executiva da Fundação Getulio Vargas (FGV) e em Desenvolvimento de Governança para Cooperativas pelo Instituto Brasileiro de Governança Corporativa (IBGC). Atua no cooperativismo por mais de 25 anos nas áreas administrativa, financeira, controle, governança, normas, processos, riscos, supervisão auxiliar e há três anos é diretora-executiva de Risco e Controle. Sua trajetória tem possibilitado realizar seu propósito de vida: inspirar pessoas por meio de palestras, orientações, treinamentos e mentorias que geram melhores resultados.

Contatos: elisangela.castelhano05@gmail.com
Facebook: Elisangela Castelhano
Instagram: Elisangela Castelhano
LinkedIn: Elisangela Castelhano
65 99287 2223

Olá, querida pessoa!

Para que nossos sonhos sejam realizados, precisamos escolher o que queremos, pois, quando focamos, planejamos as metas, traçamos os objetivos e planos de ação para alcançar o foco, e é com essa persistência e determinação que compartilho com você a minha trajetória.

Minha história começa quando meus pais se conheceram, ainda na adolescência. O coração bateu mais forte e o gelo no estômago veio com intensidade, pois era amor verdadeiro, um amor que superou quatro anos de noivado à distância até o casamento. Deus os abençoou com três filhos, sendo duas meninas e o menino caçula; eu sou a filha do meio, e até para que eu nascesse, minha mãe persistiu e perseverou. Ela engravidou durante seu luto, por ter perdido sua mãe. Encontrou fortaleza na gravidez para não cair em depressão, pois sabia que Deus havia permitido essa dádiva de ser mãe novamente para se alegrar, superar sua dor e viver dias alegres.

Meu nascimento veio com ansiedade, felicidade e dor. Minha mãe gritou o dia e a noite inteira, até que às 18h do dia seguinte eu cheguei, chorando alto, já mostrando como seria minha característica vocal: forte, aguda e firme, o que mais tarde me rendeu o apelido de Goela Rasgada. Quando meu pai chegou ao hospital, viu uma princesinha de pele clara e cabelo preto. Ele disse: "Ela vai se chamar IASANÂ". Mas minha mãe discordou, dizendo que o nome traria riscos para mim. Então perguntou à sua irmã, Nete: "Se você tivesse uma filha, qual seria o nome?". Minha tia respondeu: "Elisângela". Assim, minha mãe escolheu meu nome, que significa "consagrada por Deus" ou "juramento de Deus".

Minha infância não foi fácil; passamos por muitas lutas e vivíamos sem fartura, somente com o necessário. Minha mãe costurava e fazia nossas roupas, e muitas vezes as ganhávamos das nossas primas. Crescemos observando as pessoas ganharem presentes no Natal, comendo chocolate, tomando sorvete e outras coisas que eram supérfluas ao olhar do meu pai, pois tínhamos poucos recursos.

Um momento marcante da minha vida foi quando estudei em um colégio particular. Embora tenha feito amizades que mantenho até hoje, também vivi situações difíceis. Fui rejeitada por não usar roupas de marca e cheguei a passar frio por não ter calça comprida. Meu pai se sacrificava para pagar a mensalidade, até vendendo suas férias para honrar seus compromissos e garantir nossa educação.

Na minha adolescência, cresci observando meu pai, sentado sozinho e cantando músicas sertanejas de raiz. Uma que me marcou é *Estrada da vida*, de Milionário e José Rico, da qual gosto muito. Ela me faz lembrar os ensinamentos que meu pai deixou, pois, na longa estrada da vida, corremos e não paramos na esperança de ser campeão e alcançar o primeiro lugar. Ele sempre falava: "você deve amar o próximo como a si mesmo". Não queria ganhar mérito desmerecendo os outros; o que não for seu, não pegue, respeite todos de igual para igual, pois ninguém é melhor que ninguém e o que for seu chegará às suas mãos. São os valores e virtudes passados pelos meus pais, João e Maria.

Minha primeira experiência profissional foi como secretária em um hotel por um curto período, porém me trouxe os conhecimentos iniciais da vida profissional. Quando terminei o ensino médio, surgiram as preocupações e a ansiedade por não conseguir um trabalho para ajudar meu pai nas despesas de casa. Nesse momento, enfrentei as dificuldades de quem está começando uma carreira e percebi como as responsabilidades aumentavam. Ter o apoio da família foi essencial para me incentivar e encorajar nas minhas conquistas e escolhas. Foi difícil ouvir que eu não passaria em uma faculdade federal porque "não estudava o suficiente" ou que "não teria condições de pagar uma particular". De fato, eu não tinha dinheiro, mas consegui superar esses desafios graças ao meu esforço profissional.

Minha próxima atividade profissional foi como vendedora de calçados, um aprendizado ímpar, pois realmente ficava de joelhos para servir o próximo. Logo depois, fui vendedora de cosméticos; estudava muito para conhecer os produtos para cada tipo de cabelo, atendia diversos públicos, batia minhas metas de vendas. Aprendi muito, principalmente a conhecer a necessidade do outro. Sou grata ao Sr. Jesus, proprietário da loja, que me deu essa oportunidade e possibilitou que novas portas se abrissem, para que eu pudesse trilhar minha carreira.

Algum tempo depois, fiz uma entrevista de emprego em um hospital, proporcionada pela Sra. Amil e sua sobrinha Gilma, às quais sou muito grata. Aprendi a trabalhar em equipe, compartilhar experiências, fazer novas amizades, dar notícias tristes e realizar tudo com amor, pois gostava do que fazia.

Foi quando entrei na faculdade de Ciências Contábeis. Todo o meu salário era destinado ao pagamento da mensalidade. O início das aulas foi um momento único, marcado por uma grande emoção. Na aula inaugural, chorei ao lembrar das crenças que ouvia sobre meu destino nos estudos. Agradeci a Deus pela bênção e a mim mesma pelo esforço e sacrifícios que me levaram até ali.

Na faculdade conheci várias pessoas, amigas que estão em minha vida até hoje. Uma delas e a Fabrícia Monaski, que me apresentou o cooperativismo e a cooperativa na qual tive o prazer de permanecer por 18 anos. Lembro que a entrevista estava marcada para às 07h30, mas, em meio a tantas reuniões, os diretores da cooperativa me atenderam às 19h. Saí com o coração palpitando: estava contratada para trabalhar em uma instituição financeira, que era um dos meus sonhos. Essa experiência me proporcionou crescimento profissional, ao atuar como contadora e poder realizar pós-graduações, cursos de aperfeiçoamento e aprimorar o trabalho em equipe.

Durante esse período, vivi muitos momentos de lágrimas e sorrisos, fiz amizades valiosas e cometi erros. Em alguns momentos, senti vontade de desistir, especialmente ao descobrir que alguns colegas eram proibidos de falar comigo. Isso me machucou profundamente, já que sempre busquei promover a união e o crescimento de todos. No entanto, aprendi com cada um deles e me mantive focada no meu sonho. Perseverei nas lutas, enfrentei meus medos e segui firme em direção aos meus objetivos, tornando a jornada significativa ao lado de pessoas que me inspiram, como Selma Rosa Cintra de Carvalho, Mauricio Sogno Pereira, Aifa Naomi Uehara de Paula e José Augusto Manzano. Essas pessoas sempre terão um lugar especial em minha memória, como fontes de inspiração.

Nesse período, Deus trouxe para minha vida uma pessoa maravilhosa, que me mostrou o verdadeiro sentido da existência, pois passei acreditar com mais fervor e com mais fé, de modo que possa louvar com intensidade a cada dia vivido. Sou grata de coração a minha amiga Mônica Carvalho, por me fazer enxergar o mundo de forma diferente.

Quando recebi a proposta de trabalhar na Central, foi um sentimento de perda, pois sentia um amor tão grande pela cooperativa que nem sabia explicar. Além disso, ouvi que havia amores que não valiam a pena e meu coração ficou em pedaços. Contudo, enxerguei a oportunidade passando e, como dizia José Augusto, "o cavalo branco passa somente uma vez, esteja preparada". Fui com o sentimento de ter participado do crescimento da cooperativa, dos laços criados, das histórias com todos, das festas que marcaram nossas vidas e, principalmente, por ter encontrado o amor da minha vida, meu esposo Allyson Castelhano, dentro da cooperativa. Temos 21 anos de casados e duas filhas lindas, Eduarda e Elysa Castelhano, que nasceram nesse período, isto é, também são parte da história da cooperativa que está no meu coração.

Na Central, passei por momentos e pessoas difíceis, que me fizeram aprender a gerenciar e a controlar minhas emoções. Cada fase da vida é um aprendizado diferente. Muitos gostam do seu jeito de trabalhar e outros te criticam. Contudo, reconheço que houve pessoas que passaram na minha vida e deixaram aprendizados que me fizeram crescer, evoluir e refletir. Foquei nos meus objetivos e na nova oportunidade que apareceu na área de supervisão, na qual pude estruturar a área e criar o primeiro regulamento de supervisão, instrumento reconhecido pelo Banco Central do Brasil. Tudo isso aconteceu graças ao apoio e à confiança do diretor Emilio Junior de Souza.

Para chegar aonde cheguei, estive ausente por muitas vezes à noite e nos finais de semana, renunciando ao convívio familiar para finalizar as entregas e regras a serem seguidas. Olhando para trás, vejo o quanto valeu a pena, pois a dedicação e a persistência nas atividades proporcionaram meu reconhecimento profissional e a oportunidade de assumir um cargo novo.

Ao assumir a diretoria-executiva de Riscos e Controles, deparei com outras dificuldades, como relacionamentos, posicionamento e até mesmo comunicação. Para alguns, a melhor defesa é o ataque pessoal, para minar a autoestima das pessoas. Tive que ouvir que não passava segurança e credibilidade, que o meu conhecimento era raso. Sim, isso me afetou emocionalmente. Porém, todas essas dificuldades me fizeram procurar a ajuda da profissional Cledione Vieira, que proporcionou conhecimento necessário para continuar lutando, trabalhando com a mesma garra e motivação de sempre, sendo resiliente a cada amanhecer, pois todo dia Deus nos permite perdoar e fazer melhor. Porque quando você gosta do que faz e se sente feliz, enfrenta qualquer situação ou mesmo rejeição, visto que, parafraseando a fala de Friedrich Nietzsche, resgatada por Viktor Frankl no livro *Em busca de sentido*, "quem tem o 'porquê' enfrenta qualquer 'como'". Nessa trajetória no Sicoob Integração, sou grata ao presidente Amarildo, uma pessoa incrível com uma sabedoria inenarrável. Estendo a gratidão ao Sr. Dari Carvalho, exemplo de humildade e grande profissional, ao meu mestre Mauricio Nantes, que tem sua espiritualidade acima de qualquer coisa, sempre dizendo que somente o amor constrói. Estendo meus agradecimentos a todos os conselheiros.

A frase "só o amor constrói", da música de Dom e Ravel, faz toda a diferença na minha carreira profissional, pois em cada momento tive escolhas difíceis a fazer para poder vencer. Minha trajetória foi construída com muita persistência, perseverança e dedicação. Tive que demonstrar meu valor, com a certeza de onde queria chegar. Uma coisa essencial para realizar meus sonhos é que nunca passei por cima de ninguém. Não sei mentir; toda caminhada a ser trilhada é complexa.

Lembre-se de subir degrau por degrau, isto é, vencendo um dia de cada vez, passando por altos e baixos, pedras e muros existentes ou criados para atrapalhar seus sonhos e de modo a perceber que existem escolhas a serem feitas. Quando temos fé e a certeza de que estamos no caminho certo, todos os nossos caminhos levarão à realização dos nossos sonhos. Posso dizer que aos 15 anos mentalizei vários sonhos e hoje, 33 anos depois, consegui realizar todos eles.

Para vencer no dia a dia, superar obstáculos e pensamentos pessimistas, não podemos ter dúvida de quem somos; temos de acreditar em nós, nas nossas qualidades, no nosso conhecimento e na capacidade de fazer as escolhas certas. Porque ninguém tem poder sobre nós, a não ser que permitamos. Lembre-se que sempre tem alguém sendo inspirado por nossas atitudes, comportamentos, falas, e o mais importante: sorriso sincero.

Nunca duvide de quem você é, como mulher, esposa, mãe e profissional: tenha a convicção de que você é preciosa e faz a diferença em tudo o que realiza. Basta acreditar que você é capaz e consegue chegar a qualquer lugar ou cargo que deseja. Basta persistir em seu sonho e fazer sua parte, pois cada caminhada é única e toda escolha tem seu poder.

Para que nossa jornada de vida tenha sentido, não esqueça a ordem correta da pirâmide: 1. Deus e fé; 2. Você mesma; 3. Sua família; 4. Amigos verdadeiros; 5. Empresa. Muitas vezes alteramos a ordem para: 1. Empresa; 2. Amigos; 3. Família; 4. Deus; 5. Você. Quando as etapas estão invertidas, renunciamos a algo, e infelizmente acaba sendo Deus, a família e a si mesma, causando sofrimento e esforços infrutíferos, com cobranças de todos os lados. Manter a ordem correta nos valida como seres especiais, que necessitam de cuidados especiais, para viver todos os projetos a que fomos predestinados por Deus e que aceitamos a missão de realizar.

Aprendi que a fé fortalece minha vida, seguindo o poema "Pegadas na areia", escrito por Margaret Fishback Powers em 1964, do qual meu pai gostava e carregava no bolso. A mensagem desse poema é a mais pura verdade, uma vez que, quando estamos em dificuldade, Deus nos carrega no colo para aliviar nossa dor.

Nossa caminhada deve ser trilhada com sinergia entre corpo e mente, lembrando que devemos nos respeitar, nos perdoar, nos permitir errar, nos amar e nos presentear, pois dessa forma todo o resto será fortalecido. Cultive a fé, pois esse é o alimento que nos enche de entendimento, conhecimento, sabedoria, persistência, amor e direcionamento para fazer as escolhas certas de modo a superar as dificuldades da vida e realizar todos os seus sonhos.

A minha receita de sucesso é ter persistido e nunca desistido, ter acreditado em mim e saber que tudo é possível, percebendo que nossas escolhas têm o poder de mudar nossa caminhada.

CAPÍTULO 13

Uma jornada impagável!

Quero compartilhar um pouco da minha jornada profissional. Embora não seja longa, acredito que possa inspirar outras mulheres a aproveitarem as oportunidades que surgirem, mesmo quando acharem que não estão prontas. O segredo é se preparar no caminho. O importante é estar presente na jornada, aprender, desaprender, reaprender, estar feliz e se divertir!
Atenção: os QR Codes direcionam às canções que embalaram minha jornada; aproveitem!

Fernanda Campos

FERNANDA CAMPOS

Administradora de formação, apaixonada por dados e pesquisa de mercado, com mais de 20 anos de experiência como pesquisadora. Especialista em Gestão de Pessoas e Liderança, Gestão de Projetos, Estratégia e Negócios, além de ser aluna especial do mestrado em Sociologia das Organizações na Universidade Federal do Mato Grosso (UFMT). Aluna da 26ª Skills, Tools and Competences (STC) – Northwestern Kellogg School of Management e FDC. Há oito anos, integra o Sistema FIEMT, onde atualmente atua como superintendente regional da Federação das Indústrias do Estado do Mato Grosso (FIEMT) e do Instituto Euvaldo Lodi Núcleo de Mato Grosso (IEL/MT).

Contatos: ferfercampos@gmail.com
Instagram: @fernandacamposreal
LinkedIn: https://www.linkedin.com/in/fernanda-campos-549577100/
65 99648 3948

Na verdade, faço o que precisa ser feito, o simples bem-feito!

Sou apaixonada pela vida e pelo trabalho... opa, espera! Eu poderia começar falando de todas as experiências incríveis que tive ao longo da minha carreira, que ainda é curta, mas, antes, peço licença para valorizar minhas inspirações e minha origem.

De onde eu vim!

Nasci em Cáceres (MT), em 14 de dezembro de 1984. Sou filha de Fátima e Jota. Minha mãe é funcionária pública aposentada e meu pai foi pintor automotivo. Com eles, desde cedo aprendi a força e a importância do trabalho. Tudo o que meus pais fizeram por mim e por meu irmão, Fabrício, foi fruto de muito trabalho. Mesmo sem muitas condições, eles sempre ajudavam muitas pessoas. Carrego comigo dois valores: a dignidade por meio do trabalho e a vontade de sempre ajudar no que for possível.

Estudei em Cáceres até os 16 anos e, em 2002, vim para Cuiabá (MT) com meu primeiro sonho na mala: ser dentista, inspirada pela minha dentista de infância, Dra. Luzia Chabel, que tinha um consultório com um enorme aquário que sempre prendia minha atenção. No entanto, aos 17 anos, ingressei na faculdade de Biologia.

Durante a faculdade, conheci pessoas muito especiais, como minha querida amiga Izes Rosa, que me apresentou sua irmã, Judith Rosa. Ela me ofereceu uma oportunidade de trabalho que mudaria o rumo da minha vida. Judith trabalhava no maior instituto de pesquisa de mercado de Mato Grosso, o Vetor Pesquisas.

Comecei no Vetor como pesquisadora de campo aos 18 anos. Fiz muita coleta de dados em campo, produzindo informações e buscando respostas para várias perguntas norteadoras em diversos temas. A vontade de entender melhor por que eu fazia tantas perguntas foi o combustível para minha carreira.

Pensa em uma professora excelente de pesquisa eleitoral e de mercado, com um tempero mineiro e muita paixão. Sim, essa foi Miriam Braga, a quem sou imensamente grata por ter me ensinado tanto. Miriam, muito obrigada por tudo!

Abandonei o curso de Biologia e migrei para Administração, influenciada pela pesquisa de mercado e pelo fascinante mundo da análise de dados e da coordenação de equipes de campo.

Posso afirmar que tenho mais de 20 anos de experiência em pesquisa de opinião e de mercado. Depois da Vetor, segui atuando nessa área.

Outro momento importante foi quando decidi abrir uma empresa de pesquisa, a Intelligence Pesquisas. Foi uma jornada incrível ao lado de Ronye Steffan, meu irmão de vida e sócio. Ele tem o "sangue estatístico"; fomos sócios por sete anos e seguimos por caminhos diferentes, mas sempre juntos.

Achou que não teria uma história de amor?

Ah, ainda não falei da história de amor no meio de tudo isso. Sim, deu tempo de andar de ônibus, passar pela estação Bispo D. José e encontrar o amor da minha vida.

Na faculdade de Biologia, conheci o Flávio, querido amigo, descolado, inteligente e que tinha o sonho de ser médico, o qual alcançou com muito esforço.

Flávio morava no Tijucal, assim como eu, e íamos juntos de ônibus para a faculdade. Na época, existia a estação de ônibus Bispo D. José. Em um dia normal de aula, fomos embora juntos e, chegando na estação Bispo, ele encontrou um amigo do bairro, Anderson.

Flávio me apresentou Anderson e, desde o primeiro momento, trocamos olhares, mas nada aconteceu de imediato. Com o tempo, continuamos nos vendo, sempre pegando o mesmo ônibus. Até que um dia, em que Flávio não foi à aula, encontrei Anderson sozinho, e ele me acompanhou até em casa.

Começamos a namorar no final de 2002, de maneira muito intensa. Vivemos e aproveitamos muito esse tempo. Minha família acolheu Anderson muito bem, pois ele é uma pessoa incrível.

Em 2005, recebemos um presente de Deus, inesperado, mas muito amado: nosso primeiro filho, Kim Anderson. Uma curiosidade interessante sobre Kim: ele é verdadeiramente um presente, pois nasceu no mesmo dia do meu aniversário.

Casamo-nos no civil em 2006 e, em 2016, realizamos o sonho de nos casarmos no religioso. A igreja estava cheia, a festa foi ótima, e toda a família estava reunida. Esse é o maior testemunho que posso dar da presença de Deus em nossas vidas.

Passamos por muitos desafios e, com muito amor, fé e união, fortalecemos cada vez mais nossa família. Anderson é um esposo e tanto, acredita mais em mim do que eu mesma. Ele me apoia em todos os desafios e me incentiva a ser melhor todos os dias. Os segredos do nosso relacionamento são: fé, um amor inabalável, cumplicidade e leveza!

Uma nova paixão!

Após terminar a faculdade de Administração, adicionei uma nova paixão à minha vida: a educação.

Um dia após minha colação de grau, senti o desejo de dar aulas e me dediquei a esse novo momento. Assim, passei a dividir minha atuação profissional entre a pesquisa e a educação. Atuei como professora em cursos técnicos e de graduação por anos intensos de aprendizado. Até hoje, encontro alguns de meus ex-alunos, e eles ainda me chamam de professora Fernanda.

Dar aulas é uma das minhas paixões. Aprendo muito ensinando. Hoje atuo mais em treinamentos, palestras e painéis, mas pretendo voltar às salas de aula no futuro.

Ainda em meio às minhas atividades de pesquisa, educação e estudos, meu esposo me disse um dia: "Amore, quero mais um bebê. Kim já tem 5 anos e quer um irmão. Vamos planejar aumentar nossa família". Foi então que decidi desacelerar.

Poucos meses depois de tomarmos essa decisão, engravidei, pela graça de Deus. Ainda trabalhando, com uma eleição para governo em andamento e cursando uma pós-graduação, comecei a me preparar para o momento especial que seria o nascimento do nosso segundo filho, Dan Fernando.

Dan nasceu em 5 de maio de 2012, e foi então que desacelerei de verdade. Tive o privilégio de cuidar dele e da nossa família por quase três anos. Durante esse tempo, Anderson assumiu com firmeza o papel de provedor principal da família, fazendo questão de que eu tivesse a liberdade de escolher o trabalho que fosse compatível com a prioridade que dávamos a nossa família.

Continuei dando aulas, atendendo clientes de pesquisa e até fui consultora de beleza Mary Kay. Consegui equilibrar todas essas atividades sem prejudicar o tempo dedicado à família. Essa experiência foi fundamental para fortalecer minha base pessoal e profissional. Acredito que as mudanças de rota ao longo do caminho me trouxeram duas das principais habilidades que tenho hoje: flexibilidade e adaptabilidade.

Especialista em começar do zero!

Em 2015, passamos por um processo de conversão à Igreja Católica, e desejávamos nos casar no religioso em 2016, como mencionei anteriormente. Foi um verdadeiro testemunho da providência de Deus em nossas vidas.

Antes do casamento, em março de 2016, decidi voltar ao mercado de trabalho. Enviei meu currículo para todos os meus amigos, inclusive os da faculdade de Administração. Um deles, Paulo Apoitia, respondeu: "Fer, tem uma vaga aqui no Sistema FIEMT, mas é para assistente de educação na menor entidade do sistema, o IEL. Não sei se você vai querer, mas está aí!". Sim, é por causa do Paulinho que estou onde estou hoje.

Candidatei-me ao processo seletivo para a vaga de assistente de educação do IEL/MT, nível médio, com salário de aproximadamente R$ 1.600,00. Passei pelas etapas do processo, incluindo prova teórica e entrevistas, e após três meses fui convocada para começar.

No dia 6 de julho de 2016, iniciei minha jornada no IEL/MT como assistente. Na época, dividia meu tempo com as aulas na Faculdade Anhanguera. Durante o dia, trabalhava no IEL e, à noite, na faculdade. Era uma correria, mas necessária, e sempre mantive meu lema: faça o que precisa ser feito!

Nesse período, optei por reduzir minhas atividades relacionadas à pesquisa, para entender se estava fazendo uma transição de carreira. Direcionei meu foco às entregas da área de Educação Empresarial do IEL, que estava desativada quando cheguei. Em seis meses, abrimos quatro cursos, todos com turmas lotadas e bem avaliadas, preparando a área para o ciclo de 2017.

O *core business* do IEL/MT é o desenvolvimento de carreiras e empresarial. Seu portfólio inclui duas áreas: Educação Empresarial e Pesquisas. Embora eu estivesse na Educação Empresarial em 2017, minha experiência em pesquisa de mercado foi descoberta pelo superintendente Mauro Santos, que me convidou para assumir essa área e melhorá-la.

Como analista de pesquisa de mercado, liderei a equipe e aumentamos a performance, crescendo cerca de 250% em relação ao ano anterior, graças ao trabalho em equipe e à adoção de métodos adequados.

Em 2018, consolidamos os resultados nas pesquisas, mas a área de Educação também precisava continuar a crescer. Após a saída de uma líder importante, Elieth Shirley, assumi a área como supervisora de desenvolvimento empresarial. Elieth me ensinou muito sobre liderança, feedback e lealdade, sendo uma verdadeira coach.

Como supervisora, precisei desenvolver novas habilidades para liderar equipes multidisciplinares.

O IEL não tinha recursos para capacitação de liderança, mas Mauro me deu algo precioso: tempo de qualidade e acesso ao espaço de liderança, proporcionando um verdadeiro MBA na prática.

Em fevereiro de 2020, fui promovida a coordenadora geral do IEL/MT. Um mês depois, a pandemia chegou, e foi preciso recalcular as rotas e traçar um plano de contingência. Foi um período desafiador, mas escolhi lutar para garantir os resultados do instituto.

Em 2021, fui promovida a gerente de operações do IEL, um cargo criado para reconhecer os resultados alcançados, embora eu ainda sentisse que faltava algo.

Continuo determinada a tornar o IEL/MT uma referência nacional. Reestruturamos o IEL novamente e muitos resultados já foram alcançados, mas ainda há muito trabalho pela frente.

A pandemia fez estrago na minha vida

Os anos de 2020 e 2021 foram extremamente difíceis para minha vida profissional. Equilibrar os aspectos emocionais e profissionais foi um grande desafio. E, então, enfrentei um desafio ainda maior, algo para o qual não estava preparada.

Em 2021, logo após o Natal, meu pai passou mal, sentindo falta de ar, e foi levado à UPA. Ao chegar, ele foi diagnosticado com Covid-19 e rapidamente encaminhado à Santa Casa. Logo foi transferido para a UTI, onde permaneceu por 18 dias. Infelizmente, ele não resistiu ao vírus, em razão das comorbidades que já possuía. No dia 13 de janeiro de 2022, perdi meu grande amigo, meu incentivador, meu primeiro amor.

Hoje, tenho a certeza de que ele é meu anjo protetor, que intercede e torce por mim lá do céu! Te amo, pai. Muito de você vive em mim, e assim sigo a vida.

Imagem se muda com trabalho!

Em 2023, com a mudança de gestão no Sistema FIEMT, Silvio Rangel assumiu a presidência, trazendo um olhar inovador e uma postura transformadora para as entidades.

Ao retornar de férias, fui convidada pelo novo presidente para uma conversa, na qual ele me propôs assumir a Superintendência Regional da FIEMT e do IEL/MT. Durante a conversa, mencionei os grandes desafios que enfrentaríamos, e ele prontamente se dispôs a me ajudar a superá-los.

Assim, no dia 13 de janeiro de 2023 (isso mesmo, exatamente no dia em que completou um ano do falecimento do meu pai), tive a honra de assumir a superintendência das duas entidades, tornando-me a primeira mulher a ocupar o cargo na Federação das Indústrias do Estado de Mato Grosso em 47 anos. Além disso, sou a primeira mulher negra e a mais jovem a assumir essa posição. Quando assumi, não tinha plena noção do quanto isso representava. Para mim, cheguei até aqui pelos meus resultados. No entanto, tem sido muito especial perceber que, além de tudo, represento as mulheres em tantos aspectos da diversidade.

Em quase dois anos como executiva, nosso foco, meu e da minha equipe, tem sido elevar a relevância das entidades para as indústrias e para a sociedade. Fazemos isso com trabalho árduo e efetivo. Às vezes, comunicamos pouco, mas nosso objetivo é que a diferença seja percebida pelas indústrias de Mato Grosso e seus colaboradores, e, consequentemente, pela sociedade.

Para alcançar isso, contamos com um planejamento sistêmico, consistente e mensurável, que é o "feijão com arroz" do mundo corporativo. Porém, para que tudo funcione de fato, optamos por agregar novos valores organizacionais ao Sistema FIEMT, e isso tem mudado o jogo. O principal valor é a união entre as entidades e a confiança nas relações entre as lideranças, algo praticado diariamente por nós.

Estar nessa jornada é impagável e, para isso, é fundamental contar com parceiros que fazem questão de estar verdadeiramente juntos. Isso tem feito toda a diferença. Quero referenciar aqui meus pares Alexandre Serafim, superintendente do Sesi MT, Carlos Braguini, diretor do Senai MT, e nosso presidente do Sistema FIEMT, Silvio Rangel, profissionais inovadores, corajosos e leais. Gratidão pela jornada!

Sigo nesse desafio, focada nas pessoas, nas estratégias para o futuro e nos resultados, sempre lembrando que imagem e relevância se constroem com trabalho – e trabalho duro.

Referências

Links das músicas gerados a partir da plataforma YouTube, com todos os direitos reservados. Os QR Codes foram gerados a partir da plataforma Google.

CAPÍTULO 14

Quanto um legado vale a pena?

Contribuir para esta obra é mais uma etapa do meu legado. Compartilhar minha trajetória e os momentos que me marcaram profundamente me permitiu revisitar os desafios enfrentados e como os superei. Com o amor e apoio da minha família, transformei minha experiência em uma história de superação que pode inspirar outras pessoas a deixarem seu próprio legado.

Gisele Bernat da Silva Verruch

GISELE BERNAT DA SILVA VERRUCH

Formada em Secretariado Executivo Bilíngue pela Uninter – Cascavel/PR. Organizou mais de 100 eventos sociais e corporativos. Atualmente, é secretária executiva de uma entidade patronal, membro da Câmara de Transporte e Mobilidade, vice-coordenadora do Movimento Vez & Voz Mulheres no TRC e coordenadora da Pastoral Familiar junto com seu esposo.

Contatos: giselebernat.cerimoniais@hotmail.com
Instagram: @gisele_verruch

Todas as pessoas nascem como originais, mas muitas morrem como fotocópias.

(Carlo Acutis)

Esta história é fruto da contribuição de muitas pessoas. Agradeço a Deus, que guia todos os meus passos, ao meu esposo Diogo e nossas filhas Alane e Lívia, que representam a realização dos meus sonhos. Sou grata a todos que fizeram parte da minha vida, trazendo alegrias ou desafios que me moldaram. Uma das minhas maiores realizações é minha profissão. Trabalhar diretamente com pessoas e ajudá-las a construir e concretizar seus sonhos por meio de eventos me traz uma profunda satisfação.

Compartilhar minha trajetória de vida nem sempre é fácil, mas acredito que revisitar esses momentos é essencial para transmitir a mensagem que desejo.

Algumas passagens foram desafiadoras. Sou a filha do meio de Cecília e Mauro, pais dedicados, aos quais hoje sou profundamente grata pelo esforço que fizeram para nos proporcionar oportunidades. Tenho duas irmãs, Josiane e Jessica. Meu pai sempre trabalhou com transporte, enfrentando muitas dificuldades para sustentar nossa família, enquanto minha mãe se dividia em turnos de manhã, tarde e noite como secretária de uma escola particular, para garantir que tivéssemos uma boa educação.

Lembro-me que, em dias de pagamento, quando minha mãe nos dava um pouco de dinheiro, eu e minha irmã mais velha comprávamos um cachorro-quente para dividir. Era simples, mas saboroso, e esse momento sempre me marcava. Desde cedo entendi que, embora estudasse em uma escola particular, não tinha acesso às mesmas coisas que meus colegas. Não podia ter os melhores tênis ou materiais escolares, o que me causava confusão quando criança. Isso se intensificou na adolescência, uma fase em que buscamos aceitação nos grupos. Foi nesse período que enfrentei minha primeira grande decepção.

Eu tinha um grupo de amigos e me dava bem com todos. Não era o tipo "nerd" e adorava jogar truco nos intervalos, mas, mesmo assim, me sentia inferior. Era o segundo ano do ensino médio, e em uma terça-feira pela manhã, cheguei animada para contar uma novidade às minhas "melhores amigas". Escrevi em um papel cheio de corações e enviei para elas – na época, esse era nosso jeito de conversar, como se fosse o WhatsApp de hoje. No dia seguinte, toda a escola sabia do meu "segredo". Meu mundo desabou, fiquei arrasada. Não conseguia entender como meninas podiam trair umas às outras dessa forma. Sem querer preocupar minha mãe, decidi, pela primeira vez, levantar a cabeça e seguir em frente. Aprendi que a maneira como interpretamos as situações é mais importante do que os próprios acontecimentos.

Mas conto isso com muito orgulho, pois desde aquela época entendi, ainda que na marra, que precisamos ser nós mesmos, no lugar onde estamos e com as ferramentas que temos. Minha postura diante dos desafios determinaria se eu conseguiria vencer.

Aos 15 anos, comecei meu primeiro estágio remunerado. Estudava de manhã, fazia um curso de processamento de dados à tarde e trabalhava das 17h até as 23h. Estava cansada, mas cheia de sonhos. Fazia o possível para ajudar meus pais em casa, mas, para mim, nunca parecia o suficiente.

Enquanto minhas amigas tinham festas de debutante dignas de princesas, eu sabia que essa não era minha realidade. Isso gerava muitas dúvidas na minha mente, mas eu permanecia firme, pois queria mostrar aos meus pais que todo o esforço deles por mim tinha valido a pena. Transformar o caos em algo positivo é uma questão de escolha. Foi uma decisão que precisei tomar. Fácil não foi e nunca será, mas a iniciativa teve que partir de mim.

Em 2000, comecei meu segundo estágio, onde conheci meu esposo. A princípio, foi uma paquera que logo evoluiu para namoro, e ele conquistou meu coração. Foram tempos felizes: trabalhávamos, ele conseguiu um emprego, e estávamos animados com o futuro. Em 2004, veio uma surpresa – eu estava grávida. De repente, surgiram muitas dúvidas: "Como vai ser agora?". A decisão de enfrentar os imprevistos da vida é um ponto crucial na nossa jornada. Apesar do desespero inicial e das lágrimas, eu também estava feliz e grata a Deus por viver aquele momento.

Éramos jovens e imaturos, mas Diogo fez o que pôde. Fomos morar juntos em um apartamento de 40 metros quadrados, que era mais do que suficiente para nós três. O apartamento foi mobiliado com presentes da minha mãe, da sogra e com alguns móveis simples. Apesar das dificuldades, lembro com carinho das vezes que íamos de bicicleta para casa, eu sentada no varão enquanto Diogo pedalava. Até hoje, quando fecho os olhos, posso sentir o vento no rosto e sou grata por tudo que conquistamos.

Nossa filha nasceu prematura e precisou ficar internada. Mais uma vez, me senti impotente diante da grandeza de Deus. Felizmente, em poucos dias ela já estava bem, e pudemos levá-la para casa. A partir daí, minha relação com Deus se fortaleceu ainda mais.

Depois de quase um ano cuidando da Alane, voltei ao trabalho, contando com uma rede de apoio que me permitia isso. Nesse emprego, tive a oportunidade de ter contato com a diretoria, fui promovida a coordenadora e comecei a organizar pequenos eventos e a gerenciar a agenda do local. Fui me envolvendo cada vez mais com essa área, o que me motivou a cursar Secretariado Executivo Bilíngue, buscando mais conhecimento para aplicar no trabalho. No entanto, em uma mudança de gestão, acabei sendo demitida.

Sem a opção de desistir, passei por outros empregos, mas não me adaptava e seguia pedindo a Deus uma chance de aplicar o que havia estudado. Foi então que recebi uma ligação de uma colega de longa data, me convidando para trabalhar em uma empresa de eventos. Aceitei sem hesitar e fiquei lá por cinco anos, organizando eventos e adquirindo uma bagagem valiosa para entregar resultados com excelência.

Em 2015, com estabilidade financeira e meu esposo ao meu lado, veio a notícia da nossa segunda gestação, dez anos após a primeira. Foi uma alegria imensa, e sentíamos que estávamos preparados para aproveitar plenamente esse momento. Porém, essa sensação foi interrompida logo após o nascimento da Lívia. Em meio à euforia da nova maternidade, fui chamada, junto com todos os funcionários, pela proprietária da empresa, que nos informou que as atividades seriam encerradas. Apesar de recebermos todos os direitos, voltamos para casa com essa notícia inesperada.

Meu mundo desmoronou novamente. Estava enfrentando uma crise terrível no casamento, à beira da separação. Diogo já havia saído de casa, eu estava desempregada, com duas filhas e sem saber o que fazer. Sem entender o que estava acontecendo, me afastei de Deus por dois dias. Lembro-me de ter chorado um dia inteiro, sem parar. No terceiro dia, recebi uma ligação: uma noiva queria que eu organizasse seu casamento, pois conhecia meu trabalho da formatura que organizei para ela. Naquele momento, voltei a chorar, mas dessa vez de arrependimento, por não ter confiado em Deus e por não entender que Ele nunca me abandonaria.

Ao decidir superar os desafios, rejeitei a mentalidade de vítima que nos aprisiona em ciclos de autopiedade. Assim, segui em frente com a empresa de eventos, organizando casamentos, formaturas e eventos corporativos, um após o outro.

Esse período de transição foi marcado por pessoas incríveis que me ajudaram a me reerguer, e por isso sou eternamente grata. Entre essas pessoas, Karine Rizzardi e Fabiane Klaes estiveram ao meu lado nas madrugadas escuras de depressão e tristeza, sem nunca soltarem minha mão. Elas respeitaram minha dor e me ajudaram a fortalecer quem eu sou, mostrando que o que eu precisava naquele momento era voltar para Deus, me dedicar à minha família e focar no que realmente queria. Decidi que minha felicidade dependia de mim e não das circunstâncias ao meu redor.

E, como um milagre, tudo começou a se reorganizar: meu casamento foi restaurado, os eventos continuaram acontecendo e a vida seguiu seu curso.

Na infância, eu sempre observava meu pai. Ele foi caminhoneiro por um tempo e depois começou a trabalhar com treinamento de motoristas. Um dia, ele me chamou e disse: "Filha, tem uma vaga em uma entidade. Por que você não se candidata? Acho que você vai gostar". Inicialmente recusei, mas depois entrei no site, vi fotos de eventos e pensei: "Quem sabe? Vou lá ver".

Em 2019, comecei a trilhar um caminho na área em que meu pai trabalhava, o que me trouxe um sentimento especial de estar seguindo seus passos. Pouco tempo depois, a pandemia chegou e tudo mudou. Mais uma vez, senti a mão de Deus sobre minha vida. O setor de eventos foi um dos mais afetados, com muitos cancelamentos e adiamentos. Contratos ficaram parados e eu não sabia como agir. Felizmente, eu ainda tinha uma renda fixa como CLT, o que me permitiu enfrentar esse desafio de conciliar o trabalho com os eventos. Isso foi essencial para manter nossa casa.

Foram meses de angústia e, aos poucos, tudo começou a voltar ao normal, mas não foi fácil. Enfrentei muitas barreiras, especialmente porque o setor de transporte é majoritariamente masculino. Foi então que iniciei alguns movimentos tímidos para inserir mulheres nesse espaço.

Com essa iniciativa, conheci histórias inspiradoras de mulheres que enfrentam diversas dificuldades, como discriminação, desafios com seus parceiros e a culpa de trabalhar e deixar os filhos em casa. Já sentia que precisava, de alguma forma, ajudar essas mulheres, ainda que de forma gradual, para que essa proposta fosse aceita.

Em um dia comum, recebi uma ligação da Camila me convidando para participar do movimento Vez & Voz Mulheres no TRC, sediado em São Paulo. Suas palavras ainda ecoam na minha mente: "Estamos acompanhando seu trabalho e gostaríamos de tê-la como representante do Paraná!". Fiquei em dúvida, confesso, mas aceitei o desafio com honra, assumindo o papel de vice-coordenadora e representando o estado.

Nesses cinco anos de dedicação e esforço, organizei eventos na entidade e trabalhei ativamente, contando com a confiança do Presidente da Entidade, Antonio, e dos diretores, conciliando com meus outros compromissos. Também comecei a participar do Núcleo Acic Mulher e de outros movimentos, com os quais aprendo e compartilho experiências valiosas. Percebi como é importante a sensibilidade de uma mulher ajudar outra e o quanto ainda precisamos evoluir para acolher e não julgar as mais jovens.

Enfrentei muitas dificuldades até aqui e, em certos momentos, entendi profundamente o significado da palavra sororidade. Lembro-me de um dia em que liguei para a presidente do movimento e disse: "Chega! Não quero mais, não tenho forças para continuar". Senti que não fazia sentido falar de luta e força feminina se eu mesma não conseguia seguir em frente. Mas, com sabedoria, ela me disse: "Eu sei o que você está sentindo. Segure firme e deixe essa raiva passar. Você ainda vai ajudar muitas outras mulheres a se levantar, assim como você". Minha gratidão e admiração pela Ana Jarrouge são imensas, pois suas palavras me ajudaram a seguir em frente.

Segui em frente conquistando aliados para a causa, ainda que de forma tímida no início. Aproveitei cada oportunidade para falar sobre a importância da presença das mulheres, ressaltando o quanto podemos somar ao lado dos homens, alcançando juntos nossos objetivos. Não estamos aqui para tomar o lugar de ninguém; cada um tem seu papel. Homens e mulheres, trabalhando em conjunto, são mais fortes. E, aqui, meu amigo Rodrigo Bernardino foi essencial ao incentivar todas as minhas ações.

Hoje, a Gisele de 41 anos revisita a Gisele de 14, que enfrentou sua primeira grande decepção, e diz: "Calma, existem pessoas em quem podemos confiar, que serão como as mãos de Deus, oferecendo um abraço sincero. Ainda podemos acreditar na humanidade, se nos permitirmos viver intensamente o que Deus quer para cada um de nós".

Como minha amiga Helda Elaine, a quem admiro muito, costuma dizer: "Chegamos onde a mente chega primeiro". Por isso, sigo a missão de servir, guiada pela compreensão de que a vida nos retribui não apenas pelo que oferecemos, mas também pela intenção e qualidade das nossas ações. Deus cuidou de cada detalhe. Mesmo em terrenos áridos, com paciência e generosidade, belas paisagens surgiram na minha trajetória.

Podemos encontrar meios ou desculpas para não seguir em frente. Houve reuniões em que fui ignorada, mesmo presente, e momentos de humilhação. Mas também houve dias de orgulho e satisfação. Um desses momentos foi organizar e assinar uma grande feira por aqui, uma conquista que nada e ninguém pode tirar de mim.

Atuo como secretária executiva, empreendedora, coordenadora da Pastoral Familiar e vice-coordenadora do Movimento Vez & Voz, com um forte desejo de mudar o mundo. Embora ainda esteja em construção, mantenho a fé e a esperança de que podemos nos tornar melhores.

Como dizia Madre Teresa de Calcutá, "O que eu faço é uma gota no meio de um oceano. Mas, sem ela, o oceano será menor". O futuro é o reflexo do presente. Com pequenas ações diárias, podemos contribuir para um mundo melhor.

Às mulheres, deixo uma mensagem de reflexão: Deus escolheu uma mulher para trazer à vida seu filho. Portanto, quem pode afirmar que não somos dignas ou capazes? Precisamos reconhecer que somos especiais e merecedoras. Construa, desconstrua e reconstrua quantas vezes for necessário.

Estou aqui, aberta a todas as possibilidades que Deus e a vida me oferecerem, pronta para florescer onde quer que a semente seja plantada. A cada pessoa citada, estendo minha gratidão e honra a todos que, de maneira silenciosa ou grandiosa, contribuíram para essa trajetória. Que suas ações, lembradas aqui, sejam também um tributo àqueles cujos nomes podem não estar escritos, mas cujos feitos jamais serão esquecidos.

CAPÍTULO 15

A filha da CORAGEM!

Imagine-se num dia chuvoso, com um chocolate quente e boas companhias! Imersa nessa boa sensação, te convido a ler uma história de *coragem*, provocando a você um despertar interior de enfrentamento e de empoderamento. Tudo isso por meio da história de uma jovem menina, que busca olhar o mundo com beleza, amor e força. Podemos viver e ser tudo o que queremos, movimentar-nos para o mais. Permitir-nos receber o que esse mundo lindo tem a nos oferecer em todas as esferas! Venha comigo!

Hellen Caroline Moreno

HELLEN CAROLINE MORENO

Bancária há 18 anos, tem amplo conhecimento na área comercial, com foco no público do agronegócio. Já passou por grandes bancos e cooperativas de crédito, trabalhando em cargos comerciais e de liderança, e hoje atua no *corporate agro* de uma grande instituição financeira. Graduada em Ciências Contábeis, foi professora universitária por sete anos, ampliando seu conhecimento a muitos acadêmicos. Embora esteja no meio executivo financeiro, sempre teve um grande desejo de auxiliar pessoas no desenvolvimento humano e olhar interno. Finalizou o curso de Inteligência Sistêmica e está cursando Psicologia. Em 2024, idealizou e lançou o Workshop Florescer – Mulheres de Sucesso, o qual foi um sucesso.

Contatos: Instagram: @carol_omoreno
Facebook: Carol Moreno
LinkedIn: Caroline Moreno, CEA
66 99718 5832

Nasci em 26 de janeiro de 1987, numa segunda-feira, na cidade de Maringá (PR). Posso afirmar que minha história gestacional me empodera e mostra que sou filha da *coragem*! Minha mãe é a mulher mais corajosa que já conheci. Numa família simples, o essencial nunca nos faltou. Neta e filha de professoras, mulheres sábias e lutadoras da educação brasileira. Não tenho dúvida que, nesses 37 anos de vida, coragem nunca me faltou; corre dentro das minhas veias. Inclusive, quando recebi o lindo convite para partilhar aqui um pouco da minha história, firmei-me nesta CORAGEM.

Parece ser fácil olhar para nossa biografia, a qual está gravada na mente e que verbalizamos em frações, nas conversas cotidianas que a vida nos apresenta, e contá-la em um texto. Mas, ao pegar a caneta e dar a sequência, vem à mente o pensamento de recusar o convite, os pensamentos sabotadores nos afligem, com a ideia de que é algo difícil; é como se estivéssemos diante do não merecimento, afinal, quem vai apreciar minha história? Com tantas histórias de superação, revolução, mudanças, sucessos, quem sou eu?

Foram essas as perguntas que fiz antes de escrever. Falava com meu terapeuta sobre a bela oportunidade de estar aqui. Ele me lembrou da individualidade da vida. Toda história é única e especial, não tem a melhor e a pior. Estamos destinados a ser inspiração para alguém e apreciar as histórias de "alguéns", que conhecemos durante a vida. E em uma forma de me empoderar, lembrei-me de ter ouvido algo que me trouxe grande reflexão: em toda comunidade existe uma mulher inspiradora. Em toda cidade, estado e país também. Na maioria das vezes, essas mulheres não fazem ideia do tanto que inspiram, encorajam, motivam, salvam umas às outras. Mas, em dias difíceis da vida, diante da tomada de alguma decisão ou simplesmente ao se levantar em dias escuros, muitas mulheres encontram em outra mulher a força que precisavam para seguir o caminho, e essa pessoa se torna preciosa e fundamental em sua vida. Dessa forma, quero ser para você a inspiração da CORAGEM!

Passei minha infância numa cidade pequena, no interior do Paraná. Fui filha e neta única por algum tempo! Diferentemente do que a sociedade considera normal, minha família inicial era composta por minha mãe, avó e avô maternos. Por eles eu fui recebida neste mundo lindo, cheia de amor e alegria! Minha avó era professora aposentada, meu avô, caminhoneiro, e minha mãe, uma jovem mulher que, desde que me entendo por gente, sempre estava estudando (hoje tem três cursos superiores concluídos). Posso afirmar que tenho as maiores e melhores inspirações dentro de casa. Neste lar, brinquei, fui educada na fé e experimentei do melhor amor da vida; aqui me refiro ao amor genuíno, aquele que os pais e avós nos permitem experimentar. O amor incondicional, cuja fonte é inesgotável, em que se recebe muito, sem a expectativa do retorno na mesma medida; o único retorno que aqui devemos é fazer da nossa vida a melhor. Coragem!

Quando eu tinha 8 anos de idade, minha mãe, recém-formada, soube de uma vaga para professora num colégio agrícola na cidade de Alta Floresta (MT), local que eu penso que ela nunca imaginou existir. Na época, eu, com pouco entendimento da vida adulta, me lembro como se fosse hoje quando eu e minha avó acompanhamos minha mãe até a rodoviária, da cidade em que morávamos, onde ela embarcou num ônibus para o estado de Mato Grosso, com medo, mas cheia de *coragem* para buscar seu futuro. Sozinha e com poucos recursos, para nos comunicarmos ela usava um telefone público, e nós o telefone fixo de uma vizinha, que nos chamava e corríamos para falar com ela e ter notícias. Escrevendo essa parte da minha vida, não me lembro de ter ficado triste ou chorando; lembro do encorajamento da minha avó materna com minha mãe e do amor fraterno dela para comigo, na tentativa de suprir a ausência da minha mãe. Neste momento, eu sinto uma saudade absurda dessa vozinha (que hoje está no céu), do seu colo, do seu cheirinho, e imagino o quanto ela deve estar alegre, ao compartilhar essa história aqui.

Quero fazer uma pausa na história e levar você a pensar na quantidade de pessoas que, durante sua vida, fizeram e fazem seus momentos serem melhores, ainda que no meio de dores, saudades, angústias e do caos da vida; por vezes essas pessoas são anjos. Lembrei daquele momento da vida de Jesus em que, subindo para o calvário, carregando sua cruz, caiu três vezes, mas foi ajudado por Cirineu. Embora seja a parte triste da história de Jesus, é lindo observar o detalhe da generosidade, daquele que ajuda.

Assim, na nossa vida, diversas vezes somos ajudados. Com isso, posso respirar neste momento e agradecer. Agradecer por ver a coragem da minha mãe e ter tido o amor da minha avó.

Meus 11 anos chegaram e foi o momento de ir à mesma rodoviária, entrar no ônibus e mudar de estado, encontrar minha mãe e dar continuidade à história. Saí da zona urbana (que por sinal eu amo) e fui parar na zona rural, dentro do colégio agrícola em que minha mãe, além de trabalhar, também residia. Em Alta Floresta, morei por seis anos na zona rural, desfrutando de uma adolescência diferente da que imaginava que teria. Convivia com as limitações de estar distante da cidade, numa cultura e movimentos diferentes. Eita, quanta mudança para essa jovem! Um turbilhão de emoções e saudades estavam recolhidas dentro do meu coração. A mudança para mim é representada por movimentos de perdas e ganhos. Algumas perdas, mas muitos ganhos.

Enfim, os 18 anos! E, com eles, meu casamento! Sempre me dizem: "Menina do céu, tu se casaste cedo, hein?". Para mim, é uma grande alegria saber que vou conviver por tanto tempo com alguém tão especial quanto meu marido. Eu escolhi me casar e faço essa escolha todos os dias, afinal, sou livre e adulta. Vou trazer aqui um poema que amei desde que o li pela primeira vez e que para mim retrata de maneira concisa o conviver diário, escrito pelo médico, psicólogo e filósofo Jacob Levy Moreno (e que, por sinal, tem o mesmo sobrenome do meu marido):

> *Um encontro de dois: olhos nos olhos, face a face.*
> *E quando estiveres perto, eu arrancarei seus olhos*
> *E os colocarei no lugar dos meus*
> *E você arrancará meus olhos*
> *E os colocara em lugar dos teus,*
> *Então eu olharei para você com os teus olhos e você me olhará com os meus [...].*

E como na minha vida a intensidade é algo que está dentro de mim, aos 18 anos vieram outros sonhos, como o início da faculdade de Ciências Contábeis. A faculdade era um sonho, já esse curso nunca fora cogitado por mim, mas foi o que o se apresentou como possibilidade e eu o abracei com unhas e dentes.

Como não acredito em acaso, mas no fluxo da vida, essa faculdade me apresentou a possibilidade de ingressar no mundo das instituições financeiras. Num dia despretensioso, um amigo querido, que foi a aliança para esse caminho, me falou de uma vaga em uma cooperativa de crédito que tinha acabado de se instalar na cidade. Levei meu currículo; confesso que a vontade de que desse certo era grande, mas, no fundo, quem era eu? Recém-casada, recém-urbana (de volta à cidade), tinha acabado de entrar na faculdade. Dias depois, recebi a ligação para participar do processo seletivo. Lembro-me de que era na cidade vizinha, Carlinda (MT); como não tínhamos carro, meu marido me levou de moto e ficou me aguardando ao lado de fora. Fiz o processo seletivo na fé e fui embora. Eis que, dias depois, recebi uma ligação dizendo que fui aprovada no teste seletivo e estava no banco de talentos. Meu Senhor Jesus, que alegria, que ALEGRIA! Liguei para meu marido avisando, e ele perguntou: "Mas o que é banco de talentos?". Eu não sabia o que era, mas sabia que tinha passado! Meu coração gritava de alegria!

Não passou muito tempo daquela ligação e o tal "banco de talentos" foi acionado! Iniciei minha carreira bancária sendo caixa, numa agência com cinco colaboradores e uns 90 clientes. Com dez meses eu já tinha saído de caixa para tesoureira, assistente e já me sentava na mesa de gerente de contas. Que paixão! Foram tantas histórias, tantas conexões, tantas pessoas e extrema dedicação.

Dez anos se passaram e até ali a vida já tinha caminhado um bocado. Durante o dia eu trabalhava na cooperativa de crédito e à noite eu dava aulas de Contabilidade na mesma faculdade em que me formei (será que estava seguindo os passos das minhas ancestrais?).

Uma década casada e chega em nossa vida a pequena Valentina! Agora éramos três! A misturinha perfeita! Estava tudo muito tranquilo para minha intensa vida!

Eis que recebo uma ligação, inesperada, de um grande colega de trabalho que me fala sobre uma vaga num banco renomado, que segundo ele seria muito adequada ao meu perfil, porém era na cidade de Rondonópolis (MT). Lembro de ele me falar: "Sei que sua família reside aí, que você está estabilizada, mas pense". Parece mentira, mas eu senti uma alegria tão grande e, se intuição existe, naquele momento eu sabia que nova mudança estaria por vir.

Do dia dessa ligação, passaram-se três meses e eu já estava morando em Rondonópolis (a mil quilômetros de Alta Floresta), deixando a cooperativa de crédito para entrar num banco. Mudei toda a minha vida e a do meu marido, que foi e é meu maior incentivador. Novos amigos, novas experiências, longe da família, longe da zona de conforto. Medo, frio na barriga, dúvidas, mas muita CORAGEM! Coragem, mulher! Coragem.

Sem dúvida alguma, foi a maior e melhor decisão da vida. Como cresci, experimentei novas experiências profissionais e em família; inclusive aprender a gostar da saudade dos que ficaram. Como amei tudo isso! Foram quatro anos nessa cidade, em que nos identificamos e fizemos amizades para a vida.

Mudar foi tão bom que logo veio outra mudança. Dessa vez nos mudamos para Jaciara (MT). Uma cidade pequenina, perto de Rondonópolis e da capital Cuiabá. Lá, o desafio era abrir uma agência bancária do zero. A construção da agência nem havia iniciado, mas o projeto já tinha nascido e a decisão de trabalhar no sindicato rural até a agência ficar pronta já era uma realidade. Com uma equipe de cinco pessoas, compramos algumas mesas e cadeiras e começamos. Só tinha um detalhe: isso era fevereiro de 2020 e nosso projeto não previu uma pandemia! Eis que veio a Covid-19 e todo o caos de fechar o comércio, limitar visitas, horários de atendimento, fiscalização e todo o resto. Mas você acha que isso foi impedimento para o sucesso? Jamais! Coragem! Siga! Você está aqui para brilhar! Eu não tinha outras frases na minha mente a não ser essas.

Não paramos um dia sequer, e fizemos sucesso no caos. Enquanto os bancos limitaram e reduziram os atendimentos, nós fazíamos os movimentos de apresentar a nova marca bancária e aquela praça. O ditado "Enquanto uns choram, outros vendem lenços" nunca fez tanto sentido. Foi um sucesso. Eu tive ao meu lado a melhor equipe; instalei a vibração positiva naquele local. Trabalhei, engajei, fiz meu melhor. Não parei um dia sequer. Eu só via uma saída e essa era a do sucesso!

E nos anos que até então se passaram, eu olhava para trás e pensava: como tive coragem? Tantos desafios e tantas mudanças. A única resposta que tenho é que precisamos confiar nas respostas do nosso coração. Somos nosso maior concorrente e nosso maior obstáculo. O que você tem feito com os obstáculos que coloca em sua vida?

Em 2022, mais um desafio, em um novo cenário: Cuiabá (MT). O desafio era sair do mundo das agências bancárias e estar no mundo do atacado, um mercado com maior senioridade, layout diferente e robusto. A demanda também era abrir uma carteira nova, num projeto novo. Sempre falo que sou a pessoa dos novos projetos, aquela que abre! Todos os desafios com que me deparei foram de projetos iniciais. Isso me motiva, me desafia e de uma coisa eu tenho certeza: o que é nosso vem ao nosso encontro, todos os dias. Alguns recusam, outros aceitam. O projeto Cuiabá se estendeu e bem antes do esperado recebi o convite para retornar a Alta Floresta, levando o layout de um banco de atacado, iniciando o projeto no nortão de Mato Grosso.

Depois de quase oito anos longe da família de origem, retornei para Alta Floresta com um projeto lindo para desbravar, o qual eu nunca tive dúvidas que, como todos os outros, seria um sucesso. Retornar me fez saborear a colheita. Retomar antigos clientes, bater na porta e ser bem recebida por aqueles que sabiam da minha competência e prontamente me receberam. Foi uma verdadeira colheita. Esse projeto já tem quase dois anos e posso afirmar que foi mais que sucesso, com toda certeza, pois já foi entregue mais que o esperado. Aproveito que estou aqui para me deliciar da presença daqueles dos quais senti saudade da presença física.

Muito floresceu em mim nesses últimos anos, muita consciência corporal e integralidade de me sentir e me perceber. Um grande desejo aflorou e iniciei a faculdade de Psicologia. Atualmente, estou na metade da caminhada. Um grande projeto do coração tornou-se realidade e, em outubro de 2024, lancei o "Workshop Florescer – Mulheres de Sucesso". Foi, sem dúvida alguma, uma das melhores experiências da minha vida e é o começo do extraordinário que ainda virá. Não tenho dúvidas, só tenho coragem!

Eu escolho perceber a sabedoria em cada detalhe da minha vida. Eu sou um florescer na vida das pessoas que passam pela minha vida. Assim, assumo meu propósito de vida, que é abençoar as pessoas com meu trabalho e com minha vida.

E que venham novas mudanças, novos projetos. Coragem não me falta. Se você pode sonhar, você pode fazer.

CAPÍTULO 16

Retorno ao lar

Uma jornada de descobertas

Compartilho minha história com a intenção de inspirar você a retornar ao seu verdadeiro lar. Você pode pensar que já habita seu corpo, mas eu a encorajo a criar espaço dentro de si. Neste capítulo, permita-se criar seu próprio mapa – um caminho de volta ao seu santuário interior. Abraçar sua jornada é essencial; é uma chance de se reconectar com sua essência e redescobrir a magia de voltar para casa.

Juliana Chrun

JULIANA CHRUN

Vivenciou uma experiência sólida de 12 anos como enfermeira no serviço público, e há uma década dedica seu trabalho à jornada de cura de mulheres por meio da terapia integrativa focada no amadurecimento do feminino. Atualmente, seu trabalho é realizado de forma online, alcançando um público ainda mais amplo. Até hoje já atendeu mais de 5 mil mulheres, ajudando-as a reconquistar sua confiança, desidentificar-se de personagens e descobrir a coragem necessária para traçar suas próprias jornadas de cura. O propósito é guiá-las em suas travessias de alma, permitindo que se tornem inteiras novamente e encontrem sua verdadeira essência. Juntas, reescrevem e constroem verdadeiras histórias de transformação. Suas principais formações são: Reprogramação Biológica®; mestre em Reiki; TOQ – Mapeamento Familiar; Programação Neurolinguística (PNL); Germânica Heilkunde®; Tarô Sistêmico; ThetaHealing®; Apometria Quântica; Constelação Familiar; Contoterapeuta; e Terapeuta Menstrual Madretierra®.

Contatos: terapia.juliana@gmail.com
Instagram: @julianachrun
45 98805 7544

Para começarmos, sugiro que feche os olhos e faça algumas respirações profundas e tranquilas. Depois, leia com os olhos da alma e do coração o texto a seguir, escrito pela psicanalista junguiana Clarissa Pinkola Estés. Permita-se ser tocada por suas palavras:

> *O que significa a volta ao lar? Ela é instinto de retorno, de volta ao lugar de que nos lembramos. É a capacidade de encontrar, na luz do sol, ou nas trevas, nossa terra natal. Todas nós sabemos voltar para a casa. Não importa quanto tempo tenha passado, nós encontramos o caminho. Atravessamos a noite, passamos por terras estranhas, por tribos desconhecidas, sem mapas e perguntando qual é o caminho a quem quer que encontremos na estrada.*
> *A resposta exata à pergunta de onde fica é mais complexa... mas de certo modo ele fica num lugar interno, um lugar em algum ponto do tempo, não do espaço, onde a mulher se sinta inteira...*

Ah! Mantenha-se firme, pois ao longo do capítulo você descobrirá por que citei o texto de Clarissa e como ele toca profundamente a minha alma.

Não vou começar como as histórias tradicionais, com "Era uma vez...". Em vez disso, dou início com um convite especial de Daiane Rosseto, uma das organizadoras deste livro. Ao ouvir o pedido para contribuir, pensei: "Até hoje não me despertou a vontade de escrever livros". Mas, assim que compreendi o propósito desta obra, algo dentro de mim vibrou e me emocionou. Percebi que poderia dar voz às mulheres da minha família, as minhas ancestrais, por meio da minha própria história. Que emoção!

Venho de uma linhagem de mulheres fortes, lutadoras e sobreviventes. Minha família materna é composta por professoras que, com poucas oportunidades, conquistaram espaços respeitosos em suas profissões. E com minha mãe não foi diferente. Já no lado paterno, as mulheres têm uma visão empreendedora, criando suas próprias oportunidades. Aprendi a ser assim, forte, mas a vida me ensinou que a verdadeira força não é apenas lutar, mas aguentar firme porque mais adiante você compreenderá melhor.

Volto a um capítulo crucial da minha vida, em que grandes transformações tiveram início. Em 2004, formei-me enfermeira e, durante quase 12 anos, exerci essa profissão no serviço público. Na minha família, ser servidor público é considerado o caminho mais seguro para a sobrevivência. No entanto, a vida me fez ouvir um chamado, e comecei a trilhar um percurso diferente.

Em 2011, estava casada com meu primeiro marido, e nosso sonho de sermos pais foi abruptamente interrompido por um aborto espontâneo. A partir desse momento, iniciou-se uma dolorosa trajetória. Buscamos ajuda profissional, mas, infelizmente, continuamos a engravidar e a perder bebês. No total, foram sete filhos que não chegaram a passar do terceiro trimestre, e isso se tornou um marco na minha vida.

Até aquele momento, eu era muito racional e metódica; sempre fui uma estudante dedicada, guiando-me estritamente pela ciência e pela medicina tradicional. Contudo, senti a necessidade de me desconectar desse pensamento rígido e explorar novas formas de cura.

Em 2012, comecei a frequentar grupos de constelação sistêmica familiar, a fazer microfisioterapia e a me consultar com uma psicóloga. Até hoje, sigo em análise com essa profissional e, nesse processo, percebi que, naquela época, toda a minha vida estava desordenada. Essa jornada me levou a um autoconhecimento profundo e transformador.

Para resumir, eu era a filha obediente e salvadora, aquela que resolvia os problemas dos meus pais. Com um pai alcoolista e uma mãe deprimida, tornei-me a filha forte, a solucionadora das crises familiares. É claro que, em algum momento, essa dinâmica não poderia se sustentar.

Nesse período de descobertas, já estava me aprofundando em cursos de formação em Constelação Sistêmica Familiar, Reprogramação Biológica*, Ciência do Início da Vida (CIV) e Reiki. Com essas experiências, consegui identificar os emaranhamentos familiares e a desordem em que vivia. Esse conhecimento me permitiu enxergar o que antes estava oculto.

Após muitos cursos na área de Terapia Integrativa, percebi que precisava realizar uma grande mudança em minha vida. Assim, pedi exoneração do serviço público, deixei um espaço especial em meu coração para a enfermeira que fui e me assumi como terapeuta em 2015.

Consegue imaginar a magnitude das transformações que ocorreram em minha vida? Rompi um ciclo significativo na minha família: a segurança que o concurso público oferecia para assumir uma nova profissão que, na época, não tinha um valor amplamente reconhecido. Muitas vezes, escutava: "Mas você não vai fazer Psicologia? Por que optar por essas terapias tão pouco conhecidas?".

No entanto, abracei esse novo e desconhecido caminho, ciente de que, no fundo, era a esse caminho que eu realmente pertencia. Meus filhos vieram para que eu pudesse ouvir o chamado da minha alma. Eles me ajudaram a despertar, a me redescobrir. Sim, vieram para tirar os véus que me cobriam e me impediam de ocupar meu verdadeiro lugar, de sentir minha verdadeira pele, permitindo que eu começasse a reencontrar a minha essência, o meu lar.

Sou eternamente grata aos meus amados filhos por tudo o que me ensinaram. Embora não tenhamos tido a oportunidade de viver juntos como eu desejava, aprendi imensamente com eles.

Trabalhei por anos em meu consultório, dei palestras e organizei grupos de pais, compartilhando o que aprendi com minha grande mentora, Eleanor Luzes, médica, psiquiatra, analista junguiana e criadora da CIV. Tive a oportunidade de fazer uma parceria com minha grande amiga, Alini de Lima, e, por meio da Renascer para Nascer, levamos o conhecimento da CIV a muitas pessoas.

Criei grupos de apoio para famílias que perderam filhos e atendi diversas mulheres que desejavam engravidar. No entanto, meu coração me chamou para uma nova especialização: a Cura do Feminino Ferido, um tema ainda pouco abordado na época. Tornei-me Terapeuta Menstrual® e, a partir disso, o universo do feminino se abriu diante de mim, permitindo que eu atendesse grupos de mulheres tanto presencialmente quanto online.

Mas a vida me surpreendeu novamente, com um chamado que talvez tenha sido o mais impactante e doloroso de todos. Estava em plena expansão na minha carreira como terapeuta de mulheres, com uma agenda cheia e uma lista de espera longa. Meu trabalho também estava crescendo no ambiente digital, quando a segunda fase da Covid-19 trouxe um verdadeiro tsunami para minha vida.

Em abril de 2021, meu primeiro marido e parceiro de 16 anos faleceu após 47 dias hospitalizado por covid. Imagine o impacto que isso teve em minha vida! Tudo desmoronou novamente, e me senti perdida, sem saber como recomeçar.

A expansão do meu trabalho foi interrompida e, quando finalmente consegui me recuperar, retomei minhas atividades. Contudo, muitos sonhos profissionais permaneceram engavetados; até hoje, alguns ainda estão em processo de gestação. Costumo dizer às mulheres que nosso útero é o maior centro de força feminina e que, além de gerarmos filhos, também gestamos e parimos projetos que dão vida a nós mesmas e às outras pessoas.

Em meio a tudo isso, a vida me surpreendeu com um belo presente: conheci meu atual parceiro, um homem espetacular que esteve ao meu lado nos meses seguintes, enfrentando os desafios gigantes que ainda surgiram.

Em um período de um ano e oito meses, vivi a dor de perder meu pai e pouco depois minha mãe. Dessa vez, porém, contei com o apoio incondicional do meu parceiro. Sinto-me abençoada por ter o Fernando Spinelli ao meu lado, e juntos amadurecemos nossa relação em meio ao caos.

Todos esses desafios certamente me permitiram encontrar um verdadeiro lar dentro de mim mesma. Acredito que escolhi esse reencontro e, com coragem, comecei a me olhar de forma genuína, abandonando a armadura da mulher forte que, embora necessária para enfrentar tantas dores, não me servia mais. Aprendi a me vulnerabilizar, a amar e a ser amada novamente. Permiti-me chorar e pedir ajuda, e essa atitude não me tornou passiva ou dependente; pelo contrário, libertou-me das couraças de heroína que carreguei por tanto tempo, permitindo que eu me tornasse quem realmente sou.

Ao mergulhar em mim mesma, despida de máscaras e personagens, criei um espaço para que outras mulheres também reencontrassem seus lares internos e se vestissem com suas próprias peles. Não sou definida pela minha história, mas transformei tudo o que vivi em uma poderosa ferramenta para guiar outras mulheres em suas travessias de alma. Acredito que, quanto mais o terapeuta lida com suas próprias demandas, olha para suas sombras e se reconecta consigo mesmo, mais eficaz é na guiança das almas que busca ajudar.

Meu trabalho com mulheres evoluiu profundamente após todas essas experiências. Esses desafios se tornaram fontes de força, não aquela força de luta constante, mas a força da mulher que habita em mim, vestida com minha própria essência. Muitas partes da Juliana deixaram de existir, abrindo espaço para renascimentos, em um processo que ocorre continuamente, pois escolhi viver e não apenas sobreviver.

Ensino às mulheres que acompanho que a vida se vive na expansão, assim como nos momentos de recolhimento, descanso e silêncio, especialmente nos períodos em que não temos nada a oferecer. Muitas mulheres que chegam até mim são heroínas que aprenderam a ser fortes, a resolver, a salvar, a competir e a viver em função de metas, mas estão esgotadas. Enfrentam casamentos desfeitos, maternidades solitárias e pesadas, sentem-se secas e inférteis e os vínculos verdadeiros não se consolidam.

Diante disso, escolhi guiá-las em suas travessias de alma, ajudando cada mulher a se desidentificar dos papéis que assumiram na infância para sobreviver, seja o da heroína, seja o da donzela ou da mãe cuidadora. Muitas vezes, elas não têm consciência de que estão distantes de si mesmas. Meu trabalho é conduzi-las de volta para seu lar interior, para que possam reapropriar-se de suas peles, estabelecer limites e viver seus sonhos e desejos mais profundos, sem que precisem ser constantemente convocadas pela vida de maneira avassaladora, por meio de doenças físicas e emocionais, fim de relacionamentos ou diagnósticos que revelam dores ocultas presentes há gerações em nosso clã.

Acredito que muitas dores, doenças e situações se repetem de geração em geração, até que alguém decida romper esse ciclo. No entanto, esse rompimento não é fácil e pode ser assustador, mas é essencial para que possamos retornar ao verdadeiro lar.

As mulheres precisam despertar do sonambulismo, sair da aridez, da exaustão e da saudade, que muitas vezes não tem nome, mas é, no fundo, a saudade de si mesma. Acredito que a intuição nos foi roubada em algum momento, assim como a verdadeira força e os ciclos naturais de vida-morte-vida. Precisamos reviver nossos ciclos internos, como o ciclo menstrual, que é natural, curador e transformador quando vivido com consciência. É essencial abraçar os ciclos de expansão e recolhimento, e retornar ao lar da nossa alma.

Ao dar cada passo nessa jornada de volta para casa, coloco-me à disposição para servir e guiar mulheres que desejam encontrar seus próprios caminhos, únicos e preciosos. Desejo, do fundo do meu coração, que este capítulo possa provocar ao menos um despertar, um início na confecção de seu próprio mapa, que as guie de volta a si mesmas.

Com muito amor, do meu coração ao seu.

Referência

ESTÉS, Clarissa Pinkola. *Mulheres que correm com os lobos*: mitos e histórias do arquétipo da mulher selvagem. Rio de Janeiro: Rocco, 2014.

CAPÍTULO 17

A mochila de cada pessoa!

Neste capítulo, você conhecerá o conceito da mochila que cada pessoa carrega consigo e como a bagagem afeta as relações, conexões e histórias! E receberá o convite para acessar mais sua própria mochila e toda a bagagem que tem nela e te faz ser quem é! Conhecer a nossa própria mochila nos faz ter mais consciência de como podemos nos ajustar para conquistar o que desejamos!

Karen Jardzwski

KAREN JARDZWSKI

Tem como propósito ajudar empresas e pessoas a desenvolverem todo o seu potencial em direção aos resultados que buscam! Com mais de 20 anos de experiência, é jornalista, empresária, treinadora, mentora e palestrante especialista em vendas, gestão comercial e treinamento e desenvolvimento de pessoas. É sócia e diretora do grupo VendaMais, a maior empresa especialista em vendas da América Latina e uma das top 10 do mundo. Já atuou em mais de 500 programas de educação corporativa para times comerciais de grandes empresas do Brasil e da América Latina, atendendo milhares de pessoas. Dessa forma, tem ajudado as empresas a se posicionarem como verdadeiras escolas para a aprendizagem contínua de seus funcionários, pois acredita que treinamento não deve ser um evento, mas sim um processo.

Contatos: www.vendamais.com.br
karen.jar@gmail.com.br
Instagram: @karenjardzwski
Facebook: Karen Jardzwski
LinkedIn: Karen Jardzwski

Acredito que todas as pessoas têm uma mochila e tudo que está nela influencia a maneira como conduzem suas vidas e constroem suas histórias! A "mochila" começa a ser constituída antes mesmo do nascimento. Poderíamos ampliar o conteúdo da "mochila" se considerássemos a herança genética de pai e mãe que cada indivíduo recebe ao ser concebido. Também poderíamos ir para o campo da espiritualidade e ampliar essa análise de constituição da história das pessoas, mas optei por delimitar o conteúdo da mochila de cada um a partir da concepção do indivíduo.

Então, eu tenho a minha mochila! E você, leitora ou leitor, tem a sua também. Qual será o conteúdo de cada uma delas? Como cada bagagem influencia as pessoas que somos hoje e seremos amanhã ou daqui a muitos anos? E como a bagagem de cada pessoa afeta as relações, as conexões e as histórias? São muitas as reflexões que podemos fazer, e faremos, mas não poderia contar a minha história, que é resultado da minha mochila, sem contextualizar esse conceito.

Nasci para que meus pais pudessem se casar! Minha história começa com o romance entre minha mãe e meu pai, Rose e Nelson, que, apesar de se amarem, não podiam se casar porque vinham de classes sociais e raças diferentes. Minha mãe, caçula de dez filhos de Alzira e Eduardo, nasceu em uma família descendente de povos indígenas e africanos, com pouquíssimos recursos financeiros. Meu pai, filho do meio de três irmãos, de Maria e Izidoro, nasceu em uma família de ascendência europeia, principalmente polonesa (daí a sopa de letrinhas do meu sobrenome)! A família tinha bons recursos financeiros, principalmente em razão da veia empreendedora do meu avô. Segundo a história que me contaram, minha mãe e meu pai decidiram ter um bebê porque, dessa forma, seriam obrigados a se casar. Por isso, eu fui concebida!

A gestação e meu nascimento foram muito desejados e comemorados por todos. Fui a primeira neta, sobrinha e afilhada de muitas pessoas. Sempre me emociono com minha madrinha, Terezinha, contando da emoção que ela sentiu no dia em que eu nasci. Fui uma criança muito amada! Me considero muito privilegiada por isso. E vem daí a minha hipótese do motivo pelo qual tenho uma boa dose de autoconfiança e amor-próprio! Por outro lado, também recebi doses excessivas de cuidados, que fazem com que algumas vezes, já adulta, eu deseje continuar recebendo os privilégios da infância, com muitos mimos.

Até os cinco anos, fui filha única. Aos cinco, conheci meu irmão, Kleber, e aos sete, o segundo, Kleverton. E foi só com essa idade que precisei aprender a amarrar os cadarços, pois até então sempre tinha alguém para fazer isso por mim. Logo, sou muito grata por meus irmãos terem nascido e dado aquele "empurrãozinho" que eu precisava para ser mais independente (risos)! Apesar disso, continuei sendo muito cuidada e até mimada pelos dois, que também são parte fundamental na construção da minha mochila! Mas, aqui, chamo atenção para o dualismo. Mesmo algo muito bom, como ser extremamente amada e cuidada, pode ter o contraponto de algo não tão positivo, como o excesso de zelo, que pode gerar uma certa dependência ou necessidade de atenção por toda a vida.

Note que a mochila vai sendo constituída não só com o que nos acontece, mas também pela maneira como cada pessoa vivencia essas experiências de seu jeito. E é a soma de tudo que constitui a bagagem. Logo, não acredito que podemos nos colocar como reféns de uma determinada situação para o mal nem para o bem. Devemos ser responsáveis para fazer nossas escolhas e definir como reagir ao que nos acontece. Por isso, acontecimentos considerados bons ou ruins podem gerar diferentes impactos para as pessoas, a depender de seus contextos e até das próprias bagagens que já carregam em suas mochilas.

Na minha mochila, tenho registros de uma infância cheia de brincadeiras, amor e carinho, muito por causa da herança familiar da minha mãe que, apesar de poucos recursos financeiros, sempre teve abundância de amorosidade. Minha mãe é uma mulher alegre, com brilho nos olhos, apaixonada pela vida e com uma energia capaz de mover o mundo. Minha mãe é a primeira referência da mulher que eu gostaria de conseguir ser! E, hoje, quando as pessoas falam da minha energia, do meu brilho nos olhos, sinto que estou mais próxima de realizar esse desejo. Meu pai, que decidiu deixar os negócios da família e começar sua própria jornada, trabalhava muito e passava pouco tempo com a gente. Mas, quando estávamos juntos, vivíamos muitas aventuras, como transformar uma lona em uma superbarraca na praia. Então, considero o saldo positivo: tínhamos uma vida simples, com amor e com vínculos fortes.

Aliás, possivelmente, o exemplo do meu pai ajudou a criar a minha crença de que posso ser o que desejar ser e escolher fazer meu próprio caminho. Isso foi se consolidando na minha adolescência, que, por uma série de motivos, teve diversos desafios financeiros. Lembro da minha mãe sendo obrigada a fazer escolhas do tipo qual filho iria para a escola num determinado dia porque não tínhamos dinheiro para pagar o transporte de todos. Nunca nos faltou o necessário, mas também não tinha abundância de recursos, a não ser de parceria e de apoio, que sempre tivemos em nossa família. Formamos uma espécie de rede na qual todos estão dispostos a fazer o que for preciso pelo outro. E isso me deu uma grande segurança de saber que posso alçar meus voos porque, se precisar de ajuda, tenho uma base forte para acionar. E voar alto sempre fez parte dos meus planos!

Desde muito jovem, já tinha uma ideia clara do que desejava para o meu futuro. Eu queria ser jornalista, redatora e editora de revistas para contar boas histórias! Sempre vi o trabalho como uma parte muito importante da vida, não só pela questão financeira, mas principalmente por ser a maneira pela qual eu poderia me sentir útil e feliz. E esse desejo começou a se realizar quando fui contratada como estagiária na Editora Quantum, que produzia a revista *VendaMais*. Trabalhei como vendedora enquanto fazia a faculdade de Jornalismo e pude atuar como repórter, redatora, editora e gestora de projetos editoriais. Realizei meu grande sonho de ser jornalista e contar muitas histórias. Além disso, conheci outra grande paixão: a área comercial. Além de vendedora, fui gestora comercial, e assim pude influenciar e ajudar a construir diversas histórias.

Somando todas essas experiências, descobri uma terceira paixão: a educação. Quando a *VendaMais* iniciou a transição, deixando de ser uma revista para ser um *hub* de soluções para áreas comerciais, fui convidada a liderar a nova unidade de negócios, focada em treinamento e desenvolvimento de times comerciais. Raul Candeloro, fundador da VendaMais, me convidou para ser sócia da empresa, junto com ele e Marcelo Caetano.

Confesso que, no início, fiquei assustada, porque ambos eram meus líderes, mentores e gurus que me inspiravam. Tê-los como minhas grandes inspirações me fazia sentir, naquele momento, que era impossível que eu pudesse ser inspiradora para eles também. Mas aprendi com eles, assim como com meu sócio, Guilherme Rasmussen, que somos diferentes em vários pontos. E justamente por isso debatemos, aprendemos, evoluímos e nos admiramos mutuamente. Esse foi o começo de um capítulo bastante desafiador na minha jornada, porque me sentia grata por ter esse reconhecimento e ao mesmo tempo com um baita frio na barriga por tudo o que eu sabia que viria pela frente!

Por outro lado, sabia que podia acessar minha mochila e encontrar a veia empreendedora do meu avô, a coragem do meu pai, a amorosidade e energia da minha mãe, os aprendizados e a parceria que sempre compartilhamos como família – além de apoio e conexão de muitas amizades que fui encontrando e consolidando em minha vida.

E, assim, decidi que, na unidade de negócios que eu lideraria, teríamos pessoas dedicadas, amorosas, corajosas e felizes! Sim, felizes! Ao longo dos anos, fomos construindo uma empresa focada em gerar negócios por meio da busca incessante pela satisfação dos clientes e das nossas equipes. Muitas vezes, além de satisfeitos com os resultados gerados pelo nosso trabalho, recebemos o feedback de clientes que ficaram muito impactados com a energia tão positiva de cada pessoa do nosso time! São milhares de pessoas treinadas todos os anos, centenas de empresas gerando mais resultados pelo impacto que todo esse time constrói. Cada pessoa do nosso time tem a sua mochila, com suas histórias, crenças e experiências.

Quando começamos a montar a equipe, fiz questão de contratar pessoas que eu já conhecia muito bem. Trouxe amigos como a Dani e o Jorge porque eu já conhecia um pouco da mochila deles. Mas, com o time crescendo, contratamos pessoas do mercado. Sempre tentei conhecer o máximo possível da mochila de cada uma, para que tivéssemos a continuidade dos valores que considero fundamentais para uma empresa prosperar e ter pessoas felizes!

Acredito que não existe prosperidade verdadeira sem felicidade. Essa é uma verdade muito forte para mim, que fui consolidando ao longo da minha história. Nem sempre tive consciência disso, por falta de autoconhecimento. Afinal, acessar nossa própria mochila e ter um olhar atento para tudo o que tem nela é um processo profundo e contínuo de não só nos conhecer, mas também de tornar consciente a compreensão do motivo pelo qual somos como somos.

Eu, por diversas questões, sempre foquei muito na minha vida profissional. Não era o tipo de pessoa que planejava me casar, ter filhos e construir uma linda família. Não até conhecer o Léo, meu marido e companheiro por mais de 16 anos. Quando nos conhecemos, descobri que construir uma família com o Léo era fundamental para a minha verdadeira prosperidade, porque toda a bagagem dele soma com a minha – e, juntos, vamos organizando mochilas cada vez melhores!

Fomos conhecendo as bagagens de cada um, gerando admiração mútua e a conexão necessária para construirmos nossa história. E dessa história, novas mochilas nasceram ou foram impactadas desde a chegada da Kimberlly, minha sobrinha, afilhada e filha do coração! Por uma série de questões, aos sete anos, ela escolheu morar comigo e com Léo – e assim a família começou a crescer. Com a Kim, eu descobri que poderia ser mãe, além de filha, esposa e profissional. Ela não sabe, mas foi a Kim quem me deu a certeza de que eu desejava a maternidade e me preparou para a chegada do Joaquim.

Apesar de muito desejada, a gestação demorou a acontecer em razão de diversos problemas de saúde. Mas, depois de desistir dos tratamentos, um dia a Kimberlly sentiu que ele estava a caminho e me alertou. Os dois já estavam conectados e foi o primeiro sinal do vínculo forte que existe entre eles – irmãos de coração, como Kim e Joca se denominam. Joaquim chegou com uma mochila cheia de espaço e também passou a ocupar muito espaço na minha porque cada olhar, sorriso e ensinamento que ele me dá são guardados carinhosamente na minha bagagem.

Ser mãe tem me ensinado a, muitas vezes, não ter controle nem respostas, mas saber que essa é uma sensação muito libertadora, porque maternidade não tem manual de instruções. Assim como a vida! Qual é a instrução exata sobre como viver? Não temos! Existem muitas receitas por aí, mas a mesma receita não funciona para todos os bolos, muito menos para todos os indivíduos.

Por isso, gosto da analogia da mochila porque cada um tem a sua. Nunca existirá uma mochila igual a outra. Por mais que haja pessoas de uma mesma família, vivendo situações muito parecidas, cada indivíduo constituirá sua própria mochila. Mas lembre-se de que a mochila fica nas costas; não conseguimos vê-la o tempo todo. Às vezes, está muito pesada porque carregamos coisas demais ou deixamos itens esquecidos que já deveriam ter sido descartados. Às vezes, perdemos coisas dentro da mochila e nunca mais lembramos onde ficaram. Ou, de repente, mexendo e remexendo, encontramos algo que já deveria ter sido descartado, mas continua ocupando espaço e pesando em nosso corpo.

De tempos em tempos, é importante fazer uma revisão, uma limpeza na mochila e eliminar o que não é mais útil ou reorganizar o que está colocado da maneira errada. Às vezes, é até importante comprar uma mochila nova para carregar toda a bagagem. Não adianta apenas ser nova e bonita por fora se não cuidarmos da bagagem que está guardada.

Por isso, convido você a fazer algumas reflexões: há quanto tempo você não olha de verdade para dentro da sua mochila? O que tem na sua bagagem que afeta tanto quem você é agora? O que deve ser mantido, descartado ou ressignificado? E, além disso, como você tem tentado olhar para a mochila das pessoas com quem convive? Eu abri alguns compartimentos da minha bagagem com o objetivo de inspirar você a olhar para sua mochila porque eu realmente acredito que, ao fazermos isso, conseguimos nos conhecer melhor e aumentar a chance de sermos as pessoas que desejamos ser, com brilho nos olhos, energia e felicidade. Ao contar minha história e estimular o acesso a suas mochilas, tenho o propósito de ajudar as pessoas a se desenvolverem e evoluírem para impulsionarem suas vidas, carreiras, famílias, empresas e negócios!

CAPÍTULO 18

Merecer o mundo não é suficiente; é preciso conquistá-lo

Contribuir para esta obra é um valioso presente e a realização de um sonho. Neste capítulo, compartilho minhas experiências e como descobri meu propósito de vida. Compreendi que conquistas e desafios são partes fundamentais da jornada, mas a fé em Deus, a determinação e uma boa dose de resiliência me ajudaram a identificar meu verdadeiro propósito. Espero que minha história inspire outros a encontrarem seu próprio caminho.

Lidiane Montavanelli Tavares

LIDIANE MONTAVANELLI TAVARES

Formada em Secretariado Executivo Trilíngue pela Universidade Estadual de Maringá (UEM) e com MBA Executivo em Gestão Empresarial pela mesma instituição. Certificações Anbima CPA10, Anbima CPA20 e Certificação de Agente Autônomo de Investimentos (AAI) da Associação Nacional da Corretoras e Distribuidoras de Títulos e Valores Mobiliários, Câmbio e Mercadorias (Ancord). Tem mais de dez anos de experiência no departamento financeiro em empresas privadas e mais de 20 anos de atuação no mercado financeiro, incluindo os bancos Sicredi, Itaú, Santander e XP Investimentos. Nos últimos seis anos, tem atuado como sócia e assessora de investimentos na SVN Investimentos, onde adquiriu experiência em gestão de pessoas como líder e *head* das unidades Maringá e Goiânia.

Contatos: www.svninvestimentos.com.br
lidiane@svninvestimentos.com.br
Facebook: Lidiane Montavanelli Tavares
Instagram: @lidi.invest
LinkedIn: Lidiane Tavares
44 99922 0029

Quem joga uma moeda na fonte acredita na realização de um desejo especial. Embora simbólica, essa moeda representa imensas esperanças. A troca de algo pequeno por um desejo grande reflete a fé em sua concretização.

Além disso, as moedas juntas transformam fontes em centros de generosidade, contribuindo anualmente com milhões em doações. Ao lançar minha moeda, junto-me às outras mulheres deste livro, na esperança de que essa fonte possa inspirar você como me inspira.

A vida é como um livro: alguns capítulos são felizes, outros tristes. Há um equilíbrio entre escolhas e consequências, que muitas vezes só compreendemos plenamente ao atingirmos a maturidade.

Eu, Lidiane Montavanelli Tavares, a Lidi, era uma garotinha que cresceu cercada de amor e felicidade com sua família. Minha infância foi repleta de momentos especiais ao lado dos pais e da irmã mais velha, que é uma grande amiga.

Meus pais, que se casaram jovens, mudaram-se para São Paulo em busca de oportunidades. O pai, empreendedor no ramo de confecção de jeans, contava com o apoio amoroso da mãe em todas as dificuldades. Apesar dos desafios, o amor deles trouxe alegria, especialmente com a chegada das filhas.

Os finais de semana eram dedicados a passeios em parques, ouvindo músicas e apreciando os aquários, criando memórias que moldaram a Lidi de hoje, que guarda a essência daqueles dias felizes.

Minha irmã e eu sempre nos destacamos na escola, demonstrando boa memória e facilidade para aprender. Embora ela tivesse aptidão para biológicas e eu para exatas, nossa mãe nunca precisou nos ajudar com as tarefas; desde cedo, aprendemos a assumir responsabilidades.

Tive certa dificuldade com as amizades no início, pois, por ser bonitinha e inteligente, algumas colegas me chamavam de metida. Isso se assemelhava ao bullying, mas não deixei que me abalasse. Com o tempo, as meninas percebiam que eu era legal e, assim, sempre tive muitos amigos.

Aos dez anos, vivi uma grande mudança: meus pais, embora gostassem de São Paulo e das oportunidades lá, decidiram se mudar para o interior do Paraná, perto da cidade natal deles. Na época, tinham uma empresa de confecção e lidavam com dinheiro em espécie. Meu pai passou por muitos desafios, incluindo ser assaltado enquanto retirava dinheiro do banco para pagar os funcionários, além de começar a receber ameaças de novos assaltos. Isso levou à decisão de deixar São Paulo e recomeçar a vida no interior.

Assim, iniciamos uma nova fase. Não foi fácil, pois, apesar da proximidade da família, mudar de escola e fazer novas amizades foi desafiador. Ao começar a quinta série, não havia vaga pela manhã, então minha mãe me matriculou à tarde, o que não era legal; precisei esperar até que uma vaga fosse aberta.

Com o tempo, me adaptei e fiz novos amigos, com quem ainda mantenho contato pelo Instagram. É gratificante ver o crescimento deles e de suas famílias.

Morando em uma cidade de pouco mais de 5 mil habitantes, onde todos se conheciam, meu pai era empresário e dono de uma fábrica de jeans, assim, éramos bem conhecidos na cidade.

Aos 13 anos, vivi um dos momentos mais difíceis da minha vida. Para minha tristeza, fui surpreendida pela separação dos meus pais. Sofri profundamente com a notícia e tive dificuldade em aceitar.

Minha mãe sempre foi muito amorosa, trabalhadora e dedicada à família, e eu a considero a melhor do mundo. Agradeço a Deus por ser sua filha. Após a separação, ela decidiu se mudar conosco para Maringá (PR), a cidade que escolhemos para chamar de nossa.

Assim, mudamos para Maringá, uma cidade grande e acolhedora, e contamos com o apoio dos meus tios durante a transição. Já no segundo ano do ensino médio, precisei adaptar meus estudos para o período da noite, pois precisávamos trabalhar.

Aos 15 anos, comecei minha carreira profissional com o primeiro emprego em uma fábrica de fitas para impressoras matriciais, algo que muitos talvez nem conheçam hoje.

Na produção, minhas mãos ficavam todas manchadas de tinta roxa. Logo desenvolvi uma alergia nas mãos, mas os proprietários da empresa notaram minha agilidade e dedicação. Após três meses, fui promovida a recepcionista, uma oportunidade pela qual fui muito grata, já que não tinha experiência.

Comecei a me destacar e, após um tempo na recepção, fui transferida para o departamento de expedição. No entanto, foi como auxiliar do departamento de vendas que realmente encontrei minha paixão.

Trabalhei nessa empresa por três anos, mas decidi sair para me dedicar ao cursinho, pois precisava passar em uma universidade pública, já que não podíamos pagar uma faculdade particular.

Sempre reagi de forma positiva às adversidades. Após a separação dos meus pais, tomei decisões sábias que me ajudaram a superar as dificuldades. Embora a jornada não tenha sido fácil, minhas reações moldaram a mulher que sou hoje.

Consegui fazer o cursinho enquanto recebia seguro-desemprego, mas, como não passei, voltei a trabalhar e estudar à noite. Ingressei em outra indústria, dessa vez uma empresa de artefatos de cimento, onde trabalhei em um ambiente predominantemente masculino, fazendo de tudo, desde atender telefone até limpar o banheiro.

O dono da empresa era extremamente severo, o que me assustou nos primeiros dias. No entanto, decidi ser mais forte que as dificuldades. Hoje, sou grata pelos desafios enfrentados no início da minha carreira, pois me prepararam para o desafiador mercado financeiro.

Como sempre digo, quanto mais você trabalha, mais sorte você tem. Após mais de um ano de trabalho, a esposa do dono engravidou e saiu de licença-maternidade. Nesse momento, assumi suas responsabilidades no departamento financeiro, lidando com contas a pagar e receber e o departamento pessoal. Embora fosse desafiador, isso proporcionou um grande desenvolvimento profissional.

Após seis tentativas no vestibular, em cursos como Administração, Contábeis e Economia, finalmente passei no vestibular especial para cursos novos. Iniciei na primeira turma de Secretariado Executivo Trilíngue na Universidade Estadual de Maringá (UEM). Embora não fosse o curso que eu queria, percebi que foi o que Deus reservou para mim.

Fiquei surpresa com as matérias e o conteúdo, que se mostraram muito proveitosos e válidos para minha futura carreira.

Nesse momento, minha mãe decidiu morar fora do Brasil. Após várias tentativas de obter visto para os Estados Unidos, ela foi para Portugal e depois para a Itália, enquanto minha irmã e eu permanecemos no Brasil. Esse período foi de muita cumplicidade, estreitando nosso relacionamento e nossos laços familiares. Como irmã mais velha, ela sempre me ofereceu um sentimento de segurança, protegendo e cuidando de mim com muito carinho.

Trabalhávamos e estudávamos, e foi desafiador viver dez anos longe da nossa mãe. Mantínhamos o ritual de conversar por telefone todos os domingos, o que sempre terminava em choradeira para amenizar a saudade.

Apesar dos desafios, houve um grande crescimento. Esse período difícil me fez amadurecer rapidamente, desenvolver novas habilidades e assumir responsabilidades. Eu não me permiti fraquejar, mesmo jovem, pois sabia que meu futuro dependia das minhas conquistas.

Sou grata pelas oportunidades e pelas pessoas que cruzaram meu caminho. Deus sempre esteve presente, e enfrentei as provações de cabeça erguida. Sempre inquieta com meu momento, sabia que tinha potencial para mais e, assim, fui crescendo profissionalmente.

Trabalhei na área financeira de uma indústria de estofados, onde conheci pessoas que contribuíram muito para meu crescimento. Relacionei-me com gerentes de bancos e desenvolvi amizades nesse mercado.

Depois, recebi uma oferta para ser responsável pelo departamento financeiro em uma indústria de embalagens plásticas. Nessa época, já havia concluído a faculdade e estava cursando um MBA executivo em Administração na UEM. Essa experiência foi valiosa, pois pude conviver com profissionais de diversas áreas, como donos de grandes empresas.

Recebi um convite para trabalhar na cooperativa Sicredi e, com coragem, aceitei o desafio. Adorava meu trabalho, especialmente o contato direto com os cooperados e a resolução de suas demandas.

Permaneci no Sicredi por três anos, mas sentia a necessidade de buscar mais, determinada a ter um salário melhor e enfrentar novos desafios. Em 2008, minha irmã se casou e minha mãe veio para o casamento. Apesar da alegria de ver minha irmã formando a própria família, me preparava para dividir um apartamento com outras duas pessoas para ajudar a cobrir as despesas.

Até então, eu não havia vivido um relacionamento profundo, mas tudo mudou ao conhecer um rapaz e começarmos a namorar. Essa experiência me permitiu reviver a convivência familiar, pois fui recebida pela família dele como uma filha.

Naquele ano, vivi momentos marcantes e, em busca de novos desafios, enviei currículos para vários bancos. Fui selecionada pelo banco Itaú, onde comecei como atendente e rapidamente fui promovida a assistente de gerente, gerente de contas e, finalmente, gerente Uniclass. Sempre me destaquei e fui reconhecida pelo meu trabalho, construindo uma carreira sólida em apenas cinco anos.

Uma nova oportunidade surgiu quando meus clientes me indicaram para o banco Santander, que me convidou para uma entrevista como gerente de relacionamento Select, atendendo clientes de alta renda. Em 2013, o banco ia inaugurar uma nova agência em Maringá, e eu participei da entrevista, sentindo-me insegura, mas animada com o desafio que se apresentava. Não imaginava que estava começando a trilhar o caminho para um dos melhores momentos da minha vida.

Sair de uma carteira com mais de mil clientes para começar do zero foi difícil, mas me tornou mais resiliente. Recebi diversos feedbacks do meu gerente e supervisor regional cobrando produtividade, mas sempre foquei em oferecer o melhor aos meus clientes e cumprir minhas metas, vendendo o produto certo para o cliente certo. Com essa determinação, consegui superar as dificuldades e conquistar meu espaço.

Em 2014, me casei em uma festa que superou todas as minhas expectativas. Nunca imaginei me casar de noiva, mas aconteceu, marcando o início de uma nova fase pessoal, em que aprendi a conviver em um novo lar.

Durante esse período, enquanto trabalhava no Santander, conheci meu futuro sócio, em 2016. Fui indicada para atendê-lo e, embora fosse resistente à ideia de integrar um assessor de investimentos da XP à minha agência, marcamos uma reunião. Em poucos minutos, ele me perguntou: "Quando você vai começar a trabalhar com a gente na SVN?" Eu, um pouco convencida, respondi: "Olha onde eu trabalho, em um banco global". Ele, com humildade, respondeu: "Hoje somos pequenos, com 400 milhões de reais de patrimônio administrado, mas seremos muito grandes. Você vai ver".

Iniciamos um relacionamento profissional e transferi a conta dele para minha gestão. Após um ano, ele me indicou meu outro futuro sócio para abrir uma conta no Select, e assim fui me envolvendo com a SVN. Embora sempre fosse convidada para tomar café e ouvir propostas, eu ainda não tinha coragem de deixar o regime CLT para a remuneração autônoma.

Nunca imaginei que uma decisão tão difícil me traria tantas realizações. A SVN Investimentos se tornou minha empresa, promovendo um crescimento exponencial nas áreas profissional, pessoal e financeira. Em 2018, fui desafiada a decidir meu futuro, pois a XP mudou o foco das contratações para gerentes de banco. Meus sócios me deram um ultimato: decidir se eu mudaria de carreira para me tornar uma assessora de investimentos.

Foi então que ocorreu uma reviravolta crucial na minha vida. Após o término de um relacionamento que foi muito bom por 11 anos, passei a me voltar para meu interior e para quem eu queria me tornar.

Aceitei uma proposta que mudaria minha vida definitivamente e, agora mais segura e determinada, recomecei. Fui a primeira gerente contratada na SVN e a 28ª assessora da empresa. Meu início foi tão promissor que logo me tornei sócia, e tatuei na pele a marca de uma decisão fundamental na minha vida.

Essa é uma jornada que diariamente me aproxima de pessoas com habilidades e conhecimentos que agregam, e me permite contribuir para a vida de muitos. Desde então, venho absorvendo experiências que estão moldando uma versão melhor de mim.

Hoje, os números falam por si: a SVN foi eleita o melhor escritório da XP em 2023, gerenciamos R$ 26 bilhões e estamos em 11 cidades do Brasil, com mais de 600 pessoas. Meu crescimento profissional me permitiu encantar amigos e profissionais que trabalharam comigo ao longo da minha carreira, pessoas especiais que eu gostaria que tivessem o privilégio de viver a mesma experiência que tive. Transformar a vida dessas pessoas me traz grande satisfação, pois a vida de bancário é desafiadora, e é maravilhoso mostrar que existe um caminho gratificante além do banco.

Com todos esses aprendizados, hoje tenho certeza das minhas decisões e ações. Não vivo no passado nem no futuro; foco no presente, realizo as viagens dos meus sonhos e escolho estar perto de pessoas que agregam à minha vida, afastando-me de quem pode me impedir de alcançar meus objetivos. Com maturidade, sou uma pessoa realizada e desfruto de momentos felizes, pois tenho ciência de que tudo que é material que construímos nesta vida se finda na nossa partida. Por isso, devemos ter o entusiasmo de viver o hoje.

"Viva o extraordinário a cada dia". Seja grato a Deus pela saúde e pelo bem-estar, mas lembre-se de fazer sua parte: mantenha uma alimentação saudável, beba água, exercite-se diariamente e cuide da sua mente. Demonstre amor às pessoas que você ama e aproveite cada momento da vida. Planeje viagens para explorar o mundo; viajar traz uma gratidão especial a cada novo lugar e a cada nova pessoa que você encontra, e faz você crescer como pessoa. Tenha um bichinho de estimação; a Gucci, minha filha, me faz muito bem, alegra e adoça meus dias com muitas lambidas de amor.

E, por fim, não pare de estudar! Leia, converse com pessoas inteligentes e experientes. O conhecimento é tudo o que você precisa para recomeçar, se necessário.

CAPÍTULO 19

Os sins que fizeram quem eu sou hoje

Já parou para pensar sobre como você chegou aonde está, o que te fez ser quem é hoje? Neste capítulo, tenho o prazer de compartilhar como uma menina tímida e medrosa do interior, a típica "caipira", se transformou com as oportunidades que surgiram e com pessoas que apoiaram e deram um empurrãozinho para ajudar uma mulher a ser o oposto do que era: falante, que encara desafios, peregrina, aventureira, agricultora e apicultora, com muito orgulho.

Lígia Jung

LÍGIA JUNG

Engenheira agrônoma por formação, agricultora por paixão. Desde os 15 anos participa de cursos de formação e de liderança em cooperativas. Graduada em Agronomia pela Universidade Estadual de Maringá (UEM) em 2012, cursou Auditoria em Certificação de Propriedades Orgânicas no TecPar em 2014. Atualmente é agricultora e apicultora na propriedade de sua família, o Sítio Roda D´Água em Floresta (PR). Conselheira fiscal da Integrada Cooperativa Agroindustrial e membro do Comitê Estadual de Mulheres Cooperativistas.

Contatos: Instagram: @ligiajung

E aí, como é sua vida no sítio? Como uma boa engenheira agrônoma, faço uso do famigerado DEPENDE! Do dia, mês e da época do ano. Normalmente estou de camisa, calça velha, botina e boné, de roçadeira na mão e até operando uma colhedeira, em outros dias ajudando em alguma limpeza na casa, ou com um macacão *pink* maravilhoso, encarando umas bravas pelos matos como apicultora. Podem me encontrar com um cesto cheio de morangos ou com uma bomba costal fazendo alguma aplicação, me encontrar em alguma palestra ou evento técnico, saindo de botas de trilha e mochila nas costas para alguma aventura, mas também maquiada e de *scarpin* rumo a alguma reunião de conselho ou evento de mulheres do agro, conversando apaixonadamente sobre minha profissão e encontrando mulheres que mostram que o agro é para todas. Rotina por aqui não existe; cada semana é diferente, mas é assim que escolhi viver.

Essa sou eu, uma mulher de 36 anos, solteira, filha de Antonio e Albertina, engenheira agrônoma, mas cuja paixão pela lida na terra falou mais alto e que trabalha como agricultora e apicultora, uma vez que a vida foi levando por caminhos na liderança feminina no campo. Muito prazer, sou Lígia Mara Jung e vou contar um pouquinho da minha história.

Já ouviu falar daquela típica criança de interior, que morria de medo de tudo, sempre se escondia atrás da saia da mãe, não abria a boca para falar com ninguém, mas vivia suja de terra aprontando alguma pelo sítio, a típica caipira? Pois é: essa era eu. Era, pois mudei muito, em virtude dos empurrões que levei, os "sins" que falei, pelo estudo, por não desistir, por me permitir sair da zona de conforto, por ir com medo mesmo, por Deus.

Minha infância foi muito feliz no sítio, onde está na minha família desde 1948. Eu e meu irmão aprontamos algumas por aqui, mas desde cedo aprendemos que, se quiséssemos alguma coisa, teríamos que trabalhar. Brinco que minha mãe me ensinou a ser doméstica antes de dondoca; ela é minha maior inspiração, apoiadora e impulsionadora. Ela me ensinou a ser empreendedora sem nem ao menos saber o que era isso; ela só queria que a filha não dependesse de ninguém no futuro. Desde cedo, entre 10 e 14 anos, vendia peças de crochê, chinelos bordados, arranjos de flores, ovos e frango, sem nunca deixar o estudo e a diversão de lado. No ensino médio, por meu pedido, fui estudar em um colégio particular da região.

Em 2004, tudo começou a mudar, não apenas para mim, mas também para minha mãe. Crescemos juntas com as escolhas que fizemos. Nesse ano, minha mãe foi convidada a participar do Núcleo Feminino da Cooperativa. Lá, em meio a conversas com outras mães, ela descobriu que havia um grupo de jovens na cooperativa do qual eu poderia participar. Ao chegar em casa, ela me falou: "você vai!". Pela primeira vez saí sozinha de casa, dormindo fora sem conhecer ninguém.

O evento era sobre sucessão no campo, algo de que eu nunca tinha ouvido falar. Naquele momento, talvez não fizesse muito sentido, mas uma semente foi plantada. Encontrei pessoas com interesses semelhantes. Foi nesse grupo que comecei a aprender sobre liderança, gerações, cooperativismo e a me conhecer melhor.

Nessa época, já tínhamos a produção de mel, mas de forma muito artesanal. Também era preciso melhorar o processo de vendas. Meus pais foram convidados a participar de um evento sobre agroindústrias familiares da região de Maringá, e lá entraram em um grupo para desenvolver essas agroindústrias no Sebrae. Meu pai não conseguiu dar continuidade, em virtude do trabalho no sítio, e minha mãe tomou a frente. Ela compartilhava comigo todos os cursos que fazia, e eu estudava "por osmose" com ela.

Ao concluir o Ensino Médio, decidi que faria Agronomia. Em 2006 me mudei para Maringá, e em 2007 entrei na Universidade Estadual de Maringá (UEM). Fui morar com uma prima em uma república. Que mudança de vida absurda! Saí do sítio, em que era completamente dependente dos meus pais, e fui para a cidade grande que quase não conhecia, praticamente sozinha. Minha mãe, sábia como sempre, me deu o melhor conselho, pouco tempo depois da mudança. Eu precisava ir ao outro lado da cidade; liguei do orelhão para ela, desesperada, que me fala: "aí tem circular, se vira!". Foi nesse SE VIRA que eu entendi que, se quisesse algo, teria que correr atrás.

Nesse mesmo ano, minha família começou a participar de feiras em Maringá. Me vi na obrigação de ajudar de alguma forma; a pessoa tímida para falar com os outros teve que se transformar em vendedora de mel, conquistando o cliente com muita conversa.

Esses foram os três sins que mais tiveram impacto na minha vida futura, algo que muitas vezes fazemos sem pensar, em uma idade na qual estamos propensos a ir para caminhos diversos, quando ainda não sabemos muito bem o que queremos da vida, mas que fazem chaves serem viradas completamente:

- Entrar para o grupo de jovens da cooperativa – aprender sobre mim e sobre trabalho em grupo.
- Me mudar para Maringá – aprender a viver sozinha, escolhas pessoais e sobre vida financeira.
- Trabalhar em feiras – aprender sobre vendas e comunicação.

Durante o período da faculdade, busquei vários interesses. Participava de todo curso ou encontro oferecido pela cooperativa. "Vai faltar à aula?". Sem problemas, recuperava depois.

O sindicato rural também oferecia cursos e viagens, e eu vivia em algum lugar diferente; em todas as feiras que o mel estava, ia ajudar minha mãe. Na faculdade, conheci outras possibilidades do agro. Aprendi sobre hortifrútis orgânicos, participei da criação do Centro de Referência em Agricultura Urbana e Periurbana (Ceraup), como estagiária, o que foi uma faculdade dentro da graduação. Conheci produtores, ajudei a melhorar as produções em espaços minúsculos, dei cursos e palestras para esse pessoal, aprendi sobre a vida com eles, pois muitas vezes deixávamos de ser os estagiários da agronomia para sermos os psicólogos dessas pessoas, e como aprendemos com os mais experientes e aqueles que já sofreram muito na vida! Visitei locais e conversei com pessoas que nunca imaginei, mas que me deram uma bagagem gigante.

Quando a faculdade acabou, fui convidada a participar de um projeto com o mesmo professor do Ceraup. Trabalhei por cerca de dois anos no Programa Paranaense de Certificação de Produtos Orgânicos (PPCPO – hoje Paraná Mais Orgânico), conheci e andei muito, trabalhei como louca, mas chegou um momento em que esse trabalho começou a não fazer mais sentido em minha vida, mesmo amando o que fazia. O trabalho me trouxe problemas de saúde até chegar ao ponto em que ir para Maringá ficou pesado demais.

Em 2015, tomei a decisão de voltar ao sítio. Eu precisava de um tempo com a família, em um lugar mais calmo; foram exatos nove anos. Pedi um pedacinho de terra para poder plantar morangos, pois queria ter o poder de comprar pelo menos os meus sapatos. Queria também ajudar meus pais na apicultura. Minha mãe demonstrava sinais de cansaço e eu não queria que uma história que levou tanto tempo para ser construída acabasse de repente.

O dinheiro que eu tinha juntado era pouco, não tinha como pagar a estrutura para plantar morangos, e na época um financiamento estava fora de cogitação. O jeito foi fazer boa parte das coisas na mão, com a ajuda absurda do meu pai e do meu tio. Ah, tio Didio, que falta que você faz, e quanto você me ensinou em tão pouco tempo... Ele era um segundo pai para mim e meu irmão; quando voltei à propriedade com a ideia do morango, ele foi o que mais reclamava: "Isso é coisa de *japoneis*", mas todos os dias, assim que o sol nascia e até o sol se pôr, ele e meu pai estavam me ajudando a construir a estufa. Foi uma época muito boa, fazendo um trabalho braçal, mas com uma alegria que eu não sentia há muito tempo. Estava me encontrando no lugar em que fui criada.

No final de maio daquele ano, plantei as mudas de morango e na sequência veio o momento que decididamente fincou minhas raízes no sítio: meu tio começou a passar mal. Ele era sozinho e nós éramos os mais próximos. Alguns dias depois, o médico disse: "Vamos dar a ele o melhor final de vida possível, o tempo dele é curto". A notícia caiu como uma bomba na nossa família: foram 58 dias pesados em que tudo era pensando no tio e ele sabendo de tudo. Foi a pior fase que tivemos aqui. Hoje, entendo por que passei mal em Maringá: era Deus me fazendo voltar para casa, viver mais próximo do meu tio, para conviver com ele, aprender e fazer parte da sucessão, na dor, da propriedade de minha família. Comecei o ano perdida e terminei sócia do meu pai, pois meu tio deixou sua herança para mim e meu irmão.

Quando eu e meu irmão assumimos as terras do meu tio, a próxima safra já estava prestes a começar. Meu tio conduzia a maioria das máquinas, pois gostava muito disso. Numa noite, enquanto jantávamos, meu pai começou uma conversa:

> — Então, Paulinho, vamos ter que ir atrás de alguém para colher a soja.
>
> Eu disse:
>
> — Eu posso assumir uma máquina.
>
> — E você sabe dirigir a colhedeira?
>
> — Só me ensinar, ninguém nasceu sabendo.
>
> — E a casa?
>
> — Segue na mesma de sempre, até março eu não estava aqui.
>
> Minha mãe respondeu:
>
> — Pode deixar que aqui eu dou um jeito.

E foi numa conversa direta, sem rodeios, que "aceitaram" que eu participasse das atividades da roça, por falta de mão de obra e por seu alto custo.

Meu pai e irmão faziam a aplicação de agroquímicos. Assumi um papel na apicultura, tentando cuidar do morango que tinha sobrevivido, pois, nos dias que cuidei do tio, deixei o morango para trás, ajudando minha mãe nos serviços domésticos.

Chegou o tempo de colheita da soja. Meu pai me pergunta: "Você vai mesmo colher?". Eu: "Claro!". Morrendo de medo, pois nunca tinha operado uma colhedeira, mas, se você tem medo, vai com medo mesmo e aprende. No primeiro dia, veio a aula do meu pai: "Vamo! Oh, aqui liga, esse botão é o automático da plataforma, aqui liga o industrial, freio, embreagem, marcha só usa a primeira e segunda, essa alavanca para frente acelera e para trás desacelera, essa outra sobe e desce a plataforma e essa você esquece que tem, nesse painel só pode acender esse e esse, aqui você abre o tubo de descarga, CUIDADO para não bater a máquina no caminhão quando descarregar, abriu o tubo liga esse botão. Vamos, vai, dirige!". As mãos não paravam no volante de tanto que eu suava; o pai ficou um pouco dentro da cabine e logo saiu para ficar na escada, uns 20 minutos colhendo, olhei para fora e cadê o pai? Já estava chegando na máquina dele. Agora era eu e Deus. Com muitos erros, fui tocando e aprendendo. O mesmo aconteceu quando fomos plantar. Ali meu pai foi mais objetivo, a aula durou uns 15 minutos ou menos. E assim fui aprendendo a operar, teve briga, discussões, machismo, teimosia de ambos os lados, e até muito choro.

Paralelamente a isso, entrei como cooperada na Integrada, na qual já participava há muitos anos, e me chamaram para voltar ao grupo de jovens; mal sabia eu que já estavam traçando um caminho ali. A apicultura continuou com seus manejos, colheitas e feiras. O morango estava evoluindo.

As oportunidades de participar de eventos foram aparecendo e eu fui dizendo sim, participando, me envolvendo cada vez mais, mas não deixando o trabalho de casa de lado e não esquecendo de mim.

Em 2017, ao final do curso de Formação de Conselheiros, fui convidada a participar do Núcleo Regional de Cooperados, sendo uma das primeiras mulheres nesse cargo. Nas reuniões de 40 pessoas, apenas eu era mulher. Sempre me senti acolhida pelo grupo, até hoje adoro essas reuniões, a troca de experiência e informações é incrível.

No final de 2019, me convidaram para ser suplente do Conselho de Administração. Eu escutava nos bastidores que a cooperativa queria uma mulher no Conselho. Argumentei que eu não podia, mas Ajimura, assessor de cooperativismo da integrada, me convenceu. Ele sempre esteve por perto, me apoiando e incentivando. Em 2020, assumi uma cadeira no Conselho de Administração, sendo a primeira mulher e a pessoa mais jovem nesse cargo na cooperativa.

Veio a pandemia, tudo ficou online. Não gostava, mas era o que tinha. Não deixei de participar. Terminado o mandato de três anos, passei para membro efetivo do Conselho Fiscal.

Os trabalhos no sítio continuam, a convivência com meu pai e irmão está ótima, temos um respeito mútuo, todos se escutam, se respeitam, tomam decisões em conjunto. Para quem está nessa luta, não desista: o tempo é o melhor apaziguador de tretas e em um momento tudo entra nos eixos. E os morangos? Ainda estou apanhando!

Na apicultura, participamos de um projeto da Empresa Brasileira de Pesquisa Agropecuária (Embrapa) com soja e abelha. É uma vivência de mais de 40 anos, cada vez mais adquirindo e transmitindo conhecimentos.

Os "sins" que eu disse lá atrás, aos 15 e 16 anos, me transformaram na mulher que sou. São duas Lígias completamente diferentes e que fazem parte da mesma história. Se a Lígia tímida e medrosa não tivesse a coragem de ir em frente, hoje não seria a Lígia sem medo que encara os desafios com vontade. A timidez ainda existe, mas aprendi a lidar com ela; as oportunidades estão em todos os lados.

Acredite em você: nunca é tarde para começar algo, aprender o novo e superar medos; quando você fizer isso, vai sentir um orgulho danado do que fez!

CAPÍTULO 20

Fiz-me atuante a todo tempo, foquei sempre no agora, e aconteceu...

Uma vida comum. Como várias mulheres, escrevo de forma simples, pois a realização e a formação da nossa identidade, física, social, intelectual e emocional não estão em grandes feitos, mas sim em fazer o que é relevante: nossa realização e satisfação do que somos e fazemos, sabendo que podemos inspirar várias mulheres a encontrarem seu valor no que fazem.

Lúcia Diniz de Oliveira Kuhn

LÚCIA DINIZ DE OLIVEIRA KUHN

CNP 01/468-MT

Casada. Formada em Gestão Comercial e Coaching. Psicanalista clínica, psicoterapeuta e terapeuta ortomolecular. Especialista em desenvolvimento individual, terapia de casal, terapia familiar, transtornos de ansiedade e estados depressivos. Trabalha como gerente comercial e terapeuta psicanalista.

Contatos: ludiniz_06@hotmail.com
Instagram: @dinizlu
65 99635 0395

Minha história começa em 18 de fevereiro de 1970, em Mato Grosso do Sul. Filha caçula de uma família com mais três mulheres e um homem, vim ao mundo por um método doloroso, o fórceps. Meu nome foi escolhido de um calendário que as freiras deram para minha mãe, com as três crianças que viram a Virgem Maria em Portugal (Lúcia, Francisco e Jacinta).

Lembro-me da minha infância e da maneira como minha mãe lidava com cada situação. Desde cedo, eu percebia a força que ela tinha. Apesar de nossa situação financeira limitada, ela enfrentava cada dia com alegria, e nunca senti falta de nada essencial. Foi ela quem me ensinou os valores familiares e cristãos, e me fez aprender a honrar a simplicidade, algo que sempre valorizei.

Também carrego os ensinamentos do meu pai: um homem protetor, ágil, trabalhador, honesto e firme, embora por vezes fosse duro ao falar. No entanto, ele também sabia ser compreensivo. Quando eu obtinha notas baixas na escola, ele me dizia: "Você precisa aprender, para no próximo ano passar".

Cresci e nos mudamos para Cuiabá (MT), quando eu tinha 15 anos, para que tivéssemos mais oportunidades.

Meu primeiro trabalho foi como vendedora em uma loja de calçados e bolsas, aos 16 anos; trabalhava de dia e estudava à noite. Comecei a entender de moda e tendência, o que possibilitou uma vaga como gerente da loja Arezzo. Regina Nonato foi a primeira pessoa que acreditou na minha capacidade.

Casei-me aos 17 anos, trabalhei por mais cinco; saí do trabalho quando tive minha primeira filha, Bárbara, em 1990. Em 1992, nasceu meu segundo filho, Hyago Henrique. Tínhamos uma empresa de aço inox, a Soldinox, atualmente administrada por meus filhos e meu ex-marido.

Dediquei-me por um tempo à criação dos filhos. Retornei ao mercado de trabalho em uma concessionária, defini minha profissão. A experiência anterior proporcionou iniciar como supervisora geral do setor de consórcios, em 1996. Fiz inúmeros cursos em Desenvolvimento Pessoal, Linguagem, Oratória, Capacitação e Liderança, com foco no aperfeiçoamento.

Tornei-me uma referência em consórcios pela habilidade em formar e desenvolver equipes. Feliz em ter meu nome como referência, cursei Gestão Comercial para firmar a carreira.

Trabalhei como terceirizada em uma concessionária Volkswagen com a maior quantidade de vendedores e equipe sólida.

Em 1997, me separei do meu primeiro marido e, a partir de então, aumentei a autoexigência profissional, zelando pela idoneidade, ética e transparência. Na época, o consórcio era um produto marginalizado, em razão de aumentos excessivos das parcelas, em resposta à inflação galopante e ao baixo conhecimento da população sobre o produto. Desenvolvi uma abordagem persuasiva, usando planejamento financeiro e comparativos com a poupança para aumento de patrimônio.

Sou uma mulher comum: tenho planos, sonhos, alguns parados, outros mudados, uns esquecidos e muitos outros realizados. Entendi que nossa mente pode mudar de rota, mas nunca deve parar ou recuar. Aprendi com as dificuldades da vida, sem reclamar delas. Entendi que a vida não te deve nada; se você aprendeu ou se te trouxe aprendizado, o universo não te deve nada.

Em 1998, fui convidada para trabalhar em uma concessionária da marca Fiat também como terceirizada, com 60 vendedores, eu, um sócio e três supervisores.

Eu sempre treinei a venda consciente e não a venda de impacto. No consórcio, se você não preza pela verdade, sua vida é curta, porque cliente insatisfeito te tira do mercado.

Consórcio é uma forma planejada e com custo justo para obter patrimônio com segurança. Trabalho a essência do produto, e essa se tornou minha essência também. As experiências foram me fortalecendo e eu fui me identificando com o produto. O trabalho passa a ser nosso sobrenome, passa a fazer parte da identidade profissional: sou a Lúcia do consórcio.

Em 2000, fui convidada a trabalhar em uma grande empresa, Consórcio União. Nesse período, intensifiquei os estudos sobre mercado, finanças e investimentos.

Em meio à rotina dinâmica do trabalho, enfrentei momentos de dor e sofrimento com a perda do meu pai, seguida pela perda da minha mãe. Foi nesses momentos que percebi o quanto sou parecida com eles, e isso me ajudou a manter a presença deles viva em minha vida. Muitas vezes, talvez pela simplicidade, subestimamos os ensinamentos de nossos pais, honrei meus pais em vida e até hoje.

Dediquei-me a entender as pessoas, observando como somos ao mesmo tempo tão semelhantes e tão diferentes. Embora possamos ter os mesmos carros, roupas, calçados e objetos, cada um de nós é único. Mesmo gêmeos idênticos, que parecem iguais por fora, possuem características que os diferenciam.

O tempo foi passando e, saber e sentir que participei do desenvolvimento de vários profissionais me faz crer que recebemos um talento de Deus e temos que fazer valer. Toda mulher nasce com um talento, e o que a torna diferente não é a fama ou o reconhecimento, mas saber se o resultado de seu trabalho é importante para a evolução ou o benefício de alguém.

Ao longo da minha jornada profissional, busquei equilibrar minha vida pessoal, especialmente na missão de ser mãe. Enquanto crescia no trabalho, acompanhava o crescimento dos meus filhos, tanto em estatura quanto em conhecimento, durante a adolescência deles, cheia de desejos e desafios, e superamos cada etapa da nossa vida.

Tive a oportunidade de conviver com pessoas de destaque, como atletas e palestrantes renomados, tanto no trabalho quanto em convenções. No entanto, mudanças no mercado levaram à necessidade de reduzir o tamanho da filial, encerrando assim esse ciclo.

Em janeiro de 2005, saí da empresa e, no mesmo mês, fui contratada por outra que, embora ainda não soubesse exatamente onde eu me encaixaria, queria que eu integrasse a equipe. Pouco depois, fui designada para gerenciar o setor de consórcio de uma concessionária com quatro lojas, todas sob minha responsabilidade.

Vi a provisão e o cuidado de Deus: outra empresa encerrava suas atividades no segmento, o que me permitiu contratar uma equipe inteira de vendedores de consórcio experientes. Já nos primeiros meses, atingimos nossos objetivos rapidamente. Passei nove anos consecutivos como campeã da regional Centro-Oeste, o que me trouxe grande satisfação e proporcionou uma vida confortável para minha família.

Minha equipe tornou-se referência no mercado, admirada por sua excelência nas áreas comercial e administrativa. Durante esse período, formei laços de amizade que mantenho até hoje. Embora saiba separar minha vida pessoal da profissional, algumas pessoas são tão especiais que permanecem em minha vida por décadas, e sinto orgulho e alegria ao falar delas.

Viajei pelo Brasil, conhecendo nosso país por meio dos prêmios concedidos pela empresa. Escrever este livro tem trazido à tona memórias grandiosas e uma profunda gratidão a Deus.

Em 2008, tive minha terceira filha, Amanda, fruto de um relacionamento que durou 12 anos entre namoro e união.

Em seguida, algo inesperado: houve uma mudança de administradora e ficamos sem ter o que vender por seis meses, assim a renda mensal caiu bastante. Nessa época, tive que mudar alguns hábitos e padrões de vida rapidamente, para não piorar a situação financeira.

A notícia se espalhou e recebi algumas propostas de empresas concorrentes, mas não me via os deixando sem amparo, sem resposta; precisava manter os cadastros ativos, com o mesmo atendimento, até a administradora retornar as vendas.

Após três meses, recebi uma proposta de entrevista do diretor de uma empresa de consórcios de Uberlândia (MG). Momento positivo: ele me disse para levar meu currículo. Eu pensei: "Meu Deus, eu nunca fiz um currículo".

Um mês depois, recebi o contato do gerente do RH do Consórcio União. Com dor no coração, tive que recusar a proposta de retorno à empresa que me valorizou no início da minha carreira, pois havia assumido o compromisso de abrir uma filial e construir equipe.

Dediquei-me com intensidade à nova empresa. Foram quatro anos lá.

Dentre todos os livros que li, um em particular teve um impacto profundo: *A quarta dimensão*, de David Yonggi Cho. Esse livro me ofereceu uma nova perspectiva sobre a vida, convidando-me a enxergar as coisas por outra dimensão. Comecei a questionar por que dedicava tanto tempo ao trabalho e percebi, então, que estava na hora de conhecer um novo amor.

O livro me ensinou a pedir exatamente o que queremos, com clareza e intenção, acreditando que o poder superior nos direcionará para aquilo que desejamos. Essa nova compreensão fez com que minha vida sentimental passasse a ocupar um lugar mais importante nos meus planos. Deixei de ser apenas a Lúcia que queria fazer e acontecer, e comecei a permitir que meu lado feminino e amoroso se manifestasse mais plenamente.

Nesse processo de autodescoberta, conheci Adroaldo, meu atual marido. Ele surgiu em minha vida exatamente como eu havia pedido, como se fosse uma encomenda enviada para o endereço certo. O cuidado de Deus foi tão grande que, mesmo com Amanda ainda pequena, com apenas quatro anos, aceitei o relacionamento à distância como uma fase de conhecimento. Eu precisava saber se essa pessoa aceitaria minha filha, meu modo de viver. Foram dois anos de um namoro desafiador, com viagens longas e custos altos entre Cuiabá e Rio Grande do Sul, sempre com datas e horas marcadas para chegada e partida, sem garantias de que daria certo. Em fevereiro de 2017, Adroaldo mudou-se para Cuiabá definitivamente.

Nesse mesmo mês, decidi aceitar o convite da empresa em que estou, quatro anos após o primeiro contato. Foi um ano muito significativo para mim, marcado pelo início de duas novas alianças que transformaram minha vida profissional e sentimental.

O amor de Adroaldo trouxe paz e calmaria ao meu ritmo sempre acelerado. Essa nova fase da minha vida foi marcada por amor, companheirismo e crescimento pessoal.

Com a nova empresa, trabalho e família, vi oportunidades em uma nova área profissional. Na concessionária onde gerenciava o Consórcio União, lidava com pessoas estressadas e com dificuldade para manejar conflitos. Tive um grande interesse em ajudá-las a se equilibrarem, se conhecerem e controlarem seus impulsos. Isso me levou a fazer meu primeiro curso de Coaching pelo IBC.

Dois anos depois, fiz o curso de Formação Completa como Terapeuta de Resultados com Jair Soares, o que aprimorou meu entendimento sobre relações internas e externas. Em seguida, conheci a Abracoaching e adquiri seu curso com acesso vitalício. Esse curso me despertou para a importância de melhorar o estado emocional por meio do conhecimento e me motivou a considerar a ideia de transição de carreira.

O consórcio é a minha profissão, e a terapia é minha paixão. Durante a pandemia, especializei-me na área, graduando-me em Psicanálise Clínica e Terapia Ortomolecular. Talvez você se pergunte o que me levou a buscar uma área profissional diferente da minha atual. Sempre pensei a longo prazo e sei que, após um tempo na minha carreira, a aposentadoria virá. Mas o que fazer na aposentadoria que traga satisfação sem sobrecarga? A terapia me oferece essa satisfação e tranquilidade.

Hoje, minha função na BR Consórcios é promover o aumento de patrimônio com preço justo e prazos flexíveis, gerir carteiras, captar novos parceiros, treinar, desenvolver e ajudar nos resultados. Na terapia, meu objetivo é ajudar as pessoas a ressignificarem seu estado emocional, oferecendo-lhes uma nova perspectiva e trazendo satisfação ao alcançarem seus objetivos. Conciliar as duas atividades me fortalece e tornará a transição de carreira mais fácil quando for a hora de me dedicar a apenas uma delas. Dessa forma, a aposentadoria não trará o vazio do ócio ou a sensação de inutilidade que tanto assombra muitas pessoas nessa fase da vida.

Hoje com 54 anos, mãe de três e avó de um, bem casada e feliz, participo desta edição com a certeza de que todos os dias temos desafios novos a vivenciar. Somos um milagre da vida, somos obra-prima do grande criador do universo, a quem dedico toda a honra.

Agradeço a minha filha Bárbara, que me ensinou a ser mãe, a meu filho Hyago Henrique, que me trouxe o desafio de exercer a maternidade de um menino, e a minha caçula Amanda, que me renovou com a maternidade aos 38 anos. Agradeço a meu marido, Adroaldo, que me apoia em tudo sem trazer nenhum desconforto para nosso casamento, e minha fala se encerra com a graciosidade de poder ver meu neto Raul me chamando de vovó.

São 28 anos como profissional do consórcio, certificada pela categoria, e quatro anos como terapeuta. Sou uma mulher realizada, vivendo e aprendendo a cada dia.

Estudar continuadamente e obter conhecimento sobre mim mesma me ajudou a compreender o mundo. Me olhar e perguntar se eu posso fazer melhor me transforma em uma pessoa consciente da minha responsabilidade como indivíduo nessa sociedade. Zelar pela minha saúde física e emocional me capacita a ser templo do Espírito Santo, já que a casa precisa estar limpa para ele habitar.

Tenho uma vida comum, mas eu a vivo de forma extraordinária!

CAPÍTULO 21

Essência em Deus!

Privilégio em uma só vida: viver experiências de ser três mulheres completamente diferentes. O significado do nome Ludmilla pode ser interpretado como "querida pelo povo". Posso alcançar tudo que desejo por meio do amor ao próximo, da lealdade e parceria. Deus conhece meu coração e não abandona aqueles que O amam. Nessa fé encontrei a força para seguir em frente, mantendo a resiliência viva.

Ludmilla Vieira Parra

LUDMILLA VIEIRA PARRA

Cristã, filha de Dona Marlene, esposa de Iury Velasco e mãe do Apollo. Cada um desses papéis contribuiu para sua identidade e trajetória, moldando quem ela é com amor, dedicação e propósito. Graduada em Ciências Biológicas pelo Centro Universitário de Várzea Grande (Univag). Graduação em Gestão Comercial pela Universidade de Cuiabá (Unic). Pós-graduação em Fundamentos da Educação, Didática e Docência do Ensino Superior pela Univag. MBA executivo em Finanças e Controladoria pela IBG Business School. Certificações profissionais: CPA-10, CPA-20 e CEA – Anbima; ANCORD; FBB-100 – Febraban. Cursos complementares: Oratória Prática; 33ª Self and Professional Coaching Certification (SPCC) – Progrhedir; certificação em Analista Comportamental e Líder Coach – Progrhedir; Programa de Educação Executiva – Fundação Dom Cabral.

Contatos: Instagram profissional: Ludmilla Mercado Financeiro
Instagram pessoal: Ludmilla Vieira Parra
Facebook: Ludmilla Vieira Parra
LinkedIn: Ludmilla Vieira Parra
65 99689 8080

Filha de Dona Marlene, neta de Dona Francisca

Minha ascendência é marcada por mulheres notáveis: minha mãe, Marlene, e minha avó, Francisca. Filha e neta de guerreiras, carrego com orgulho um legado de força e coragem que me inspira a cada passo. As histórias e os exemplos dessas mulheres me ensinaram que a verdadeira força está na união e no apoio mútuo.

Dona Francisca, ao casar-se por amor, deixou para trás sua família em São Paulo, sem nunca mais reencontrá-la. Ao lado de meu avô, construiu uma nova vida, criando dez filhos. Quando meu avô faleceu precocemente, aos 52 anos, ela, com 42 anos, se viu sozinha, enfrentando a dura realidade de criar seus filhos sem ter tido estudo, profissão ou herança. Com resiliência, transformou a adversidade em força, provando que o apoio e a determinação podem tornar possível o impossível.

Minha mãe, Dona Marlene, uma das filhas mais velhas, herdou essa força. Desde jovem, trabalhou incansavelmente para ajudar a sustentar seus irmãos, que até hoje a veem como uma figura materna. Quando engravidou de meu pai biológico, que não assumiu suas responsabilidades, ela enfrentou uma situação ainda mais difícil. Em uma casa pequena e com recursos limitados, lutou para me dar o melhor, realizando plantões de 24 ou 36 horas para garantir nosso sustento.

Quando eu tinha dois anos, minha mãe casou-se com Elio, que se tornou uma figura paterna para mim. Eles ficaram juntos até eu ter cerca de oito anos, quando descobri, para meu choque, que ele não era meu pai biológico. Apesar da separação, Elio permaneceu presente em minha vida até meus 19 anos, sempre me visitando, trazendo presentes e me levando para férias em Araputanga (MT). Ele era meu confidente e eu, a dele. Embora nosso vínculo tenha mudado com o tempo, ele ainda é meu pai, e tenho por ele um amor profundo, carinho, respeito e gratidão.

Minha mãe, Dona Marlene, é um exemplo vivo de força feminina e sororidade. Dedicada inteiramente à minha criação, nunca mais se casou ou namorou, para não trazer o convívio de um homem estranho para nossa casa. Sua missão sempre foi ser mãe, e ela me mostrou que o amor e a força interior de uma mãe podem superar qualquer obstáculo. Cresci em um ambiente de extrema pobreza, onde faltavam recursos, camas confortáveis e comida que nem sabíamos que existia. Mas nunca nos faltou o pão de cada dia, amor, carinho e orientações valiosas.

Uma das irmãs de minha mãe, minha tia Margareth, morava conosco, e juntas elas tentaram proporcionar uma condição melhor de vida para nós. Lembro-me de um episódio em que a moça que cuidava de mim e das minhas primas, Kelly e Catiane, enquanto elas trabalhavam, nos trancou dentro de casa. Ela nos deixou presas, sem comida, enquanto levava o pouco que nossas mães haviam conseguido. Eu, com apenas seis anos, tentei preparar algo para comermos, mas tudo o que conseguimos foram alguns tomatinhos. Quando minha mãe chegou, encontrou três meninas tentando superar a situação da melhor forma possível.

Essas adversidades nos ensinaram a importância da união e da resiliência. Enfrentamos desafios com coragem e sempre apoiamos umas às outras, refletindo a verdadeira essência da sororidade que nos guia até hoje.

Primeira mulher – a jovem inocente

Minha mãe foi uma referência ao longo de toda a minha vida. Criou-me sozinha, com dignidade e amor inabaláveis. Em 1995, aos 13 anos, mudei-me de Cáceres (MT) para Cuiabá (MT), enfrentando a difícil transição de deixar amigos e a vida familiar para trás. Sem conhecidos na cidade grande e com minha mãe trabalhando, tive que me adaptar e enfrentar desafios como assaltos. Nesse período, encontrei apoio nos jovens da Igreja Batista Nacional (IBN) Cristo Rei. Assim, os valores cristãos e a fé se tornaram fundamentais na minha adolescência, aproximando-me de Deus e ajudando-me a descobrir minha verdadeira essência.

Destacando-se entre os jovens da igreja, conheci o pastor Osvaldo Araujo Coutinho, um exemplo de honra e sabedoria. Karine, que me apresentou à igreja, e Adriana Locatelli, que se tornou uma amiga e irmã inseparável, marcaram profundamente minha vida. Nossa amizade era tão forte que, no Dia do Amigo, trocamos cestas de café da manhã idênticas, sem planejar.

A família de Adriana – incluindo o tio Dani (*in memoriam*) (pai) e a tia Lecy e Alda (irmã) – acolheu-me como parte da família, proporcionando momentos de alívio durante uma fase financeira difícil. Eles se tornaram referências de carinho e paternidade para mim. Adriana e eu éramos tão próximas que, se possível, teríamos vivido juntas como irmãs para sempre.

Comecei a trabalhar aos 15 anos para ajudar em casa. Meu primeiro emprego foi como secretária e auxiliar de dentista, permitindo-me estudar à noite e trabalhar durante o dia. Aos 17 anos, iniciei a faculdade de Biologia, a mais acessível e próxima da área da saúde. Aos 18 anos, comecei a trabalhar na Uniodonto como supervisora de atendimento, e aos 20 anos no Hospital Santa Rosa, onde o esforço físico e mental foi intenso.

Minha rotina era exaustiva: abria o laboratório às 6h30 da manhã, pegava dois ônibus para chegar ao trabalho e, após o expediente, ia direto para a faculdade, que terminava às 22h30. Muitas vezes andava sozinha à noite para chegar em casa. Meu salário era quase todo destinado ao pagamento da faculdade, deixando pouco para ajudar em casa ou para alimentação. Almoçava no hospital e comia apenas ao chegar em casa. Passava as madrugadas estudando para evitar dependências e garantir que não precisaria pagar por matérias adicionais no semestre seguinte.

Segunda mulher – a mulher forte

Minha mãe me criou com uma força silenciosa, dignidade e respeito. Ela foi mais do que uma mãe; foi minha amiga e confidente. Até os 27 anos, eu acreditava que o mundo era um lugar onde o amor e o perdão prevaleciam, e que todos compartilhavam o mesmo caráter e lealdade que eu. No entanto, ao enfrentar decepções e desafios, minha autoconfiança começou a se esvair, e a luz que antes brilhava em mim parecia ter se apagado.

Nessa fase de transformação dolorosa, conversei com minha mãe Marlene, meu pai Elio e meu tio Sebastião, que me apoiaram incondicionalmente. Buscando orientação, falei com o pastor Osvaldo Coutinho, que, com sabedoria e empatia, me encorajou a seguir em frente e buscar o que era melhor para mim. Também me aproximei do meu irmão por parte paterna, Antonio Júnior (Juninho), como se fôssemos amigos de muitos anos, mesmo sem termos tido contato antes. Desde então, cultivamos uma amizade verdadeira. Atualmente, ele é casado com a Bruna, e juntos tiveram uma linda e encantadora menina, Sophye. Ela e Apollo formam exatamente a amizade de infância que eu e Juninho não tivemos a oportunidade de cultivar.

Decidi me afastar de antigos círculos sociais e explorar novos ambientes. A experiência de frequentar baladas aos 27 anos, mesmo sem beber ou fumar, me trouxe novas perspectivas e alegrias. Foi em uma dessas festas que conheci Nay Tosta, uma amiga que se tornou uma irmã de vida. Juntas, vivenciamos momentos inesquecíveis e nos apoiamos em todas as situações.

Após anos de lealdade, passamos nosso primeiro Ano Novo separadas, e senti profundamente a falta da Nay. Mais tarde, conheci Josiane Reis na Igreja Batista da Paz, uma mulher que rapidamente se tornou uma irmã para mim. Sua força, sabedoria e elegância foram uma grande inspiração e, desde então, nossa amizade se tornou uma das maiores fontes de apoio e incentivo em minha vida.

A jornada foi marcada por desafios e transformações, mas, com a ajuda dessas mulheres incríveis, minha fé em Deus e meus princípios, fui capaz de encontrar novas alegrias e construir uma vida repleta de gratidão e sucesso.

Terceira mulher – esposa, mãe e profissional

Algumas mulheres tiveram um grande impacto nessa fase da minha vida. Falarei sobre cada uma delas a seguir.

Luciene Benevides, com quem trabalhei na Domani Veículos, me proporcionou uma verdadeira família em um momento de necessidade. Ela me acolheu com muito amor, me levando para almoçar com a família Benevides, e foi um apoio inestimável, especialmente em momentos difíceis. Sua generosidade e carinho são lembrados com grande emoção, e cada encontro é como se nunca estivéssemos longe.

Lúcia Diniz e eu compartilhamos momentos de dor quase simultaneamente, e Deus nos uniu para nos oferecer a verdadeira empatia. Ela, uma mulher admirável e independente, educava seus três filhos sozinha e muitas vezes me ajudava financeiramente. Agradeço a Deus por colocá-la em meu caminho; muitas vezes a chamava de "mãe" em reconhecimento ao seu apoio e amor.

Nay Tosta, com quem compartilhei as maiores alegrias e aventuras, era minha parceira incansável. Juntas, vivemos intensamente, rindo, dançando e apoiando uma à outra. Nossa frase era: "Parceria pouca é bobagem". Nessa fase, trabalhar e dançar era tudo o que mais queria, então desejei abrir uma escola de dança. Não realizei esse desejo, mas quem sabe um dia!

Josiane Reis foi uma fonte constante de inspiração. Fazíamos tudo juntas, desde frequentar a igreja até ir a baladas, e discutíamos sobre nossas vidas pessoais e profissionais. Josiane acreditou em meu potencial e me incentivou a reacreditar em mim mesma. Sua influência me levou a considerar o Sicredi como um caminho para o mercado financeiro. Juntas, sonhávamos e orávamos para que Deus nos enviasse pessoas de bom coração para construir nossas famílias.

Essas mulheres não apenas estiveram ao meu lado, mas também moldaram minha vida com amor, sabedoria e apoio incondicional.

Meu recomeço profissional

Minha trajetória profissional foi profundamente marcada por pessoas que influenciaram minha jornada. Com o incentivo de Josiane Reis, decidi mudar de carreira e buscar uma vaga na cooperativa. Após vários "nãos", fui surpreendida com uma oferta de trabalho ao ajudar na reinauguração de uma agência, marcando o início de uma grande fase na minha vida. A generosidade do meu tio Sebastião, que tornou possível a aquisição do meu carro, revelou seu papel paterno e apoio incondicional.

Na cooperativa, meu desempenho destacado e o desejo de me aprimorar me levaram a conquistar certificações importantes, como a Certificação CEA. Conheci e fui inspirada por Eliane Jaqueline Metzner, cujas amizade e orientação foram fundamentais. Tive a honra de ser guiada por Clademir Salmoria, um mentor e amigo essencial na minha carreira.

Com 12 anos de experiência no setor financeiro, passei por diversas funções, desde assistente de negócios até gerente de relacionamento e assessora de negócios. Em 2021, durante a pandemia e enfrentando um período de grande dor familiar e profissional, decidi dar um passo atrás para avançar ainda mais. Realizei a transição de carreira de CLT para me tornar assessora de investimentos e negócios na SVN Investimentos, um escritório filiado à XP Investimentos. Sou profundamente grata aos sócios fundadores da SVN Investimentos, Felipe Bernardes e Caio Copetti, pelo apoio e confiança em meu trabalho.

Tive o privilégio de aprender com Maria Beatriz durante seu tempo em Cuiabá, onde ela compartilhou seu conhecimento sobre o mercado de capitais. Após sua saída, contei com o apoio incansável de Juliana Mellucci, cuja orientação foi fundamental em minha jornada de aprendizado e crescimento. Agradeço a João Paulo Marques e a Evandro Maurer pela dedicação diária e por acreditarem em mim, mesmo quando a única certeza era minha determinação em fazer as coisas acontecerem.

Em três anos de intensa dedicação e estudo, concentro meus esforços em ajudar outras pessoas a otimizarem seus investimentos e alcançar seus objetivos financeiros.

Motivação e inspiração – minha família

Conheci meu esposo, Iury Velasco, em 2014, e foi amor à primeira vista. Em poucos meses, começamos a namorar, noivamos e nos casamos, certos de que éramos feitos um para o outro. Iury, carinhosamente chamado de "Vida", trouxe para minha vida o verdadeiro significado do amor constante e dedicado.

Sua mãe, Zalda, uma mulher de força e dignidade, criou seus filhos sozinha, e ver o orgulho que tem de seus filhos é um testemunho da sua dedicação. Sou grata por ter em minha vida um marido tão amoroso e um genro que honra seus pais.

Em 2017, decidimos ter um filho e, em 2018, nosso tão esperado Apollo nasceu. Tornar-me mãe intensificou minha motivação e determinação. A força da minha mãe e da minha avó, que criou 10 filhos com bravura, me inspirou a enfrentar os desafios da maternidade.

Com a ajuda incansável de mulheres incríveis como tia Margareth, tia Lecy e Neia, além da minha mãe e sogra, enfrentamos juntos as dificuldades iniciais, especialmente com o refluxo severo de Apollo. Somos eternamente gratos por todo amor e suporte que recebemos.

Hoje, Apollo é uma criança carinhosa e respeitosa, crescendo em um ambiente familiar enriquecedor. Valorizamos nossa família, incluindo as vovós Marlene e Zalda, e fazemos questão de que Apollo mantenha um vínculo especial com elas. Assim como minha avó e minha mãe foram inspirações para mim, desejo que Apollo sinta o amor e o apoio incondicional que sempre recebi.

Nunca abandone seus sonhos, pois a jornada até aqui é apenas o começo da conquista que você está prestes a alcançar.

Desde jovem, sonhei em ser independente, bem-sucedida e compartilhar minha vida com um homem que respeitasse minha mãe. Encontrei esse homem e hoje trabalhamos juntos no mercado financeiro, realizando nosso sonho. Também desejei ter um filho – eu me via como mãe de menino – e o Apollo chegou em nossas vidas saudável e abençoado. Agradeço a Deus por ter uma família maravilhosa e pelas mulheres incríveis que apoiaram minha jornada. Sinto-me realizada e grata por todas as bênçãos recebidas.

Hoje faço gestão de patrimônio de grandes fortunas, *family office* e empresas corporativas, abrangendo áreas financeira, tributária e sucessória.

Música a Deus:

> *Por tudo o que tens feito, por tudo o que vais fazer,*
> *Por Tuas Promessas e tudo o que És, eu quero Te agradecer.*
> *Te agradeço, meu Senhor, Te agradeço, meu Senhor.*
> (Diante do Trono, *Te agradeço*)

CAPÍTULO 22

Quebrei o ciclo de pobreza e violência da minha família

Já sentiu que o mundo conspira contra você? Contar histórias de superação pode até ser bonito, mas passar por todas as dificuldades e vencer não é tão poético. O segredo não está em cair e se levantar, mas em cair e aprender com cada queda. Fui ao fundo do poço diversas vezes, mas sabia que de lá só existia uma direção a ser alcançada: o topo! Espero que você se inspire e busque o topo.

Marchiane Fritzen

MARCHIANE FRITZEN

Marchiane Fritzen, nascida em Rondonópolis (MT), tem 44 anos, é casada, mãe de Gabriel, Bárbara e Pedro Antônio. Bacharel em Contabilidade pela Universidade Federal do Mato Grosso (UFMT). Bacharel em Políticas Públicas pelo Centro Universitário Cidade Verde (UniCV). Diretora-executiva e fundadora do Grupo Gera. Diretora-executiva da Associação Comercial Industrial e Empresarial de Rondonópolis (Acir) gestões 2017/2018 e 2019/2020. Prêmio de Destaque Empresarial de 2018 pela CDL. Coordenadora-geral da equipe técnica de saúde do projeto Missão Cidadão (2020). Aluna do RenovaBr (2021/2022). Prêmio Profissional do Ano pelo Rotary (2021). Ganhadora do Prêmio Acir Empresária do Ano (2021). Prêmio Destaque Empresarial – Instituto Empreendedor (2022). Suplente de deputada federal pelo estado do Mato Grosso. Presidente da Acir (2023/2024). Fundadora do Núcleo de Mulheres Empreendedoras. Idealizadora e coordenadora dos projetos sociais Gera Mais Saúde, que leva atendimento de saúde gratuito à população, Gera Talentos, que possibilita o ingresso de jovens no mercado de trabalho.

Contatos: marchiane@hotmail.com
Instagram: @marchianefritzen
66 99994 3231

As lembranças da minha primeira infância são poucas, marcadas por muito trabalho e pela violência doméstica. Nasci em uma família humilde, que trabalhava arduamente para ter o que comer. Meus pais eram caseiros de um centro de eventos, e meu pai tinha o dobro da idade da minha mãe, que se casou muito jovem. Lembro-me de dormir embaixo do balcão de distribuição de bebidas, enquanto eles trabalhavam nas vendas e, no dia seguinte, eu e meu irmão, ainda pequenos, éramos responsáveis por recolher garrafas e restos de comida pelo salão, enquanto meus pais limpavam os vestígios da festa da noite anterior. A violência doméstica fazia parte do cotidiano, quase sempre desencadeada pelo consumo de álcool.

Quando completei sete anos, nos mudamos de casa, e meus pais deixaram de ser caseiros. Com as economias que meu pai tinha feito, ele começou a emprestar dinheiro a juros, o que fez com que nossa situação financeira melhorasse rapidamente. Passamos a ter comida farta em casa e, em ocasiões especiais como aniversários, até saíamos para comemorar. No entanto, a violência não melhorou; a situação chegou ao ponto de minha mãe dormir no quarto com a gente, tentando se proteger de novas agressões.

Quando eu tinha nove anos, meu pai desapareceu. Passamos dois meses sem notícias, até que a polícia descobriu que ele havia sido assassinado por seu melhor amigo, que queria evitar pagar uma dívida. Nossa vida mudou drasticamente. Minha mãe, que até então era submissa e vivia em um relacionamento abusivo, se viu sozinha, responsável por cuidar de nós dois. Ela vendeu tudo o que tínhamos para sustentar a casa, mas o dinheiro acabou. Com 11 anos, precisei arrumar meu primeiro emprego para garantir o que comer, e voltamos à miséria. Minha mãe se tornou empregada doméstica, assim como eu. Consegui um trabalho como babá, o que era um sonho, pois eu podia comer na casa onde trabalhava e queria morar lá para sempre. Quando se passa fome, um prato de comida se torna um poderoso instrumento de dominação.

Dos 11 aos 14 anos, foram tempos difíceis. Eu entrava e saía de empregos, sem ninguém para se importar com meus horários. Ia à escola porque amava estudar e meus professores me apoiavam, sabendo da minha situação. Sempre digo que Deus nos abençoou nesse período conturbado, pois morávamos em uma área conhecida como "Cracolândia". Minhas vizinhas eram profissionais do sexo, travestis e dependentes químicos. Aprendi muito com todos, mas sabia que aquela não era a vida que eu queria, pois nenhum deles representava o que eu acreditava merecer.

Aos 14 anos, comecei a trabalhar como vendedora em uma butique multimarcas. Eu adorava o ambiente, as pessoas e os clientes. Era o mundo ao qual eu queria pertencer. Foi nessa época que conheci um cliente que mudou minha vida. Ele era bancário, tinha o dobro da minha idade e me tratava como uma princesa. Foi meu primeiro namorado, e logo me senti protegida e cuidada como nunca antes. Aos 15 anos, fomos morar juntos. Eu estava vivendo um sonho, trabalhando e estudando. Tive diversos empregos, de frentista a digitadora e professora de natação, até passar em um concurso público como agente administrativo. Ele sempre me incentivava a crescer.

Os primeiros anos foram lindos: eu era a mulher troféu e ele era o homem que cuidava de mim. Afastei-me completamente da minha família e dos amigos, pois vivia para ele.

Aos 20 anos, fiquei grávida do meu primeiro filho; foi uma gestação tranquila. Gabriel parecia um anjo, lindo, saudável, mas, como toda criança recém-nascida, requeria atenção, e sua chegada mudou a vida de todos. Gabriel tinha dois meses quando descobri que estava sendo traída. Doeu como se alguém tivesse arrancado meu coração do peito. Uma semana depois, "eu" pedi desculpas, pois, se ele me traiu, foi porque eu falhei de alguma forma como mulher e esposa. Essa foi a senha que ele precisava para me dominar completamente. Logo em seguida descobri que estava grávida novamente, dessa vez da Bárbara, minha segunda razão de viver.

O casamento já não era um conto de fadas, as traições já não eram escondidas. A exigência de ser a mulher troféu redobrava a cada dia, e não me deixava comer, beber ou descansar. Ele falava todos os dias que eu estava ficando feia e me humilhava. Nessa época, com dois filhos, tinha 11% de gordura corporal. Parecia uma fisiculturista, tomava anabolizantes e malhava de domingo a domingo para agradá-lo.

Eu não percebia o que ele fazia comigo. Achava que era cuidado. Quem vive sob constante violência psicológica não vê a gravidade dela e como sua inserção no dia a dia é sutil. Você passa a acreditar que não tem valor, e que sua única salvação é essa pessoa.

Fiquei grávida pela terceira vez. Chorei por vários dias seguidos, pois eu era muito infeliz. Depois da vigésima traição, me neguei a ter relações íntimas com ele, e foi quando tudo piorou: passei a ser estuprada e, se reagisse, apanhava. Eu tinha náuseas, apertava os olhos e pedia a Deus para terminar logo. Eu queria sair desse relacionamento, mas não conseguia; tinha medo que meus filhos passassem pelas mesmas dificuldades que eu passei, tinha medo de ser verdade o que ele falava a meu respeito.

Matheus nasceu algumas semanas antes do previsto, saudável, com cabelos pretos e um nariz perfeito. Logo após o parto, pedi à médica para fazer a laqueadura.

Embora a gravidez tivesse sido difícil e sofrida, eu estava completamente apaixonada pelo meu bebê e aproveitando cada momento, já que ele seria meu último filho.

Em uma tarde, Matheus não quis mamar. Ele não teve febre, não chorou e não mostrou nenhum sinal evidente de desconforto, além de recusar o peito. Quando o pai chegou em casa, por volta das 17h, sugeri que o levássemos ao médico. Começava uma longa peregrinação entre hospitais e clínicas, tanto públicas quanto privadas. Como se fosse obra do destino, não conseguíamos encontrar um médico de confiança para avaliá-lo. O único plantonista disponível na cidade tinha má reputação, mas recomendou que Matheus fosse internado para observação. Seguimos o conselho e decidimos buscar uma segunda opinião pela manhã.

Matheus foi internado em um hospital particular por volta das 21h. Ele fez inalação, voltou a mamar e parecia estar melhor. Minha mãe e meu padrasto vieram visitá-lo e tudo parecia tranquilo. Estávamos certos de que pela manhã voltaríamos para casa.

Por volta da uma da madrugada, Matheus começou a chorar copiosamente, um choro diferente, desesperado. No fundo, eu sentia que algo estava errado. Corri pelos corredores do hospital, pedindo ajuda. Uma enfermeira chegou e colocou um aparelho no pé do meu filho, que emitiu um som contínuo e agudo. Ela tirava e colocava o aparelho repetidamente, como se não compreendesse o que estava acontecendo, acreditando que o equipamento estivesse quebrado. Mais tarde, descobri que o aparelho estava monitorando os batimentos cardíacos de Matheus, que estava sofrendo uma parada cardíaca em decorrência da medicação administrada.

Infelizmente, Matheus faleceu menos de seis horas após ser internado, vítima de um erro médico.

Não há palavras que possam descrever o que uma mãe sente ao perder um filho, nem o tamanho dessa dor. Não existe vocabulário capaz de expressar isso. Já se passaram 20 anos e ainda é doloroso falar sobre aquele dia. O luto foi um período confuso, do qual lembro muito pouco. Tenho apenas flashes do velório e dos dias que se seguiram.

Alguns meses depois, as traições, os abusos e as agressões voltaram. Lembro de uma noite de sábado, quando, na frente do Gabriel e da Bárbara, fui agredida na sala porque me recusei a ter relações. Recordo-me nitidamente dos dois sentados no chão, abraçados aos joelhos, em silêncio, com o olhar assustado e lágrimas contidas. Era exatamente assim que meu irmão e eu ficávamos quando minha mãe apanhava do meu pai. Naquele momento, percebi que o ciclo estava se repetindo: minha filha poderia ser a próxima vítima, e meu filho, quem sabe, um futuro agressor. As crianças aprendem pelo exemplo em casa.

No dia seguinte, um caminhão de mudança encostou. Coloquei alguns móveis e as coisas das crianças, e me mudei para um pequeno apartamento, o único que eu conseguia pagar sozinha. Meu marido ria enquanto a mudança era carregada e me dizia que, depois dessa afronta, eu teria que "lamber o chão" para ele me aceitar de volta. Ele deixou que eu saísse porque tinha certeza de que eu retornaria.

Cheguei ao fundo do poço. Cabia a mim decidir ficar lá ou não.

Comecei do zero: sem dinheiro, sem apoio familiar, sem amigos e sendo constantemente julgada por ter saído de um casamento que muitos consideravam sólido e "perfeito". Para os outros, eu tinha tudo. Meus filhos não recebiam pensão, e a falta de recursos era uma arma que meu ex-marido usava para tentar me forçar a voltar. Um dia cortavam a água, no outro, a luz. Houve dias em que chorei porque não havia nem sequer leite para as crianças. O pouco que eu ganhava mal cobria as necessidades básicas. Minha mãe, que ainda era empregada doméstica, me ajudava com comida.

Foi nesse período que reencontrei Diogenes. Já o conhecia, mas não tínhamos proximidade. Ele era médico, recém-separado e tão quebrado quanto eu. Foi um reencontro lindo, uma paixão fulminante, instantânea, como se duas almas machucadas e perdidas finalmente se encontrassem. Vi uma entrevista dele na TV e enviei uma mensagem elogiando sua participação. A partir daí, nunca mais paramos de conversar. Logo, estávamos morando juntos, eu, ele e as crianças.

Na mesma época, recebi uma proposta de uma empresa de saúde ocupacional com um salário que era quase o dobro do que eu ganhava. Pedi licença do concurso público e fui para a iniciativa privada. Senti que Deus estava me dando a chance de recomeçar. Pouco tempo depois, surgiu uma oportunidade de contrato para a empresa em que eu trabalhava com uma grande indústria que estava se instalando na cidade. Diogenes se encaixou como médico no projeto e deu tão certo que, em menos de um ano, a empresa nos convidou a abrir nosso próprio negócio para atendê-los diretamente.

Fui ao banco, peguei um empréstimo e montamos a empresa com 100% de financiamento, sem saber como iríamos pagar. Pedi exoneração do concurso público e começamos com uma secretária, móveis e computadores usados. Dividíamos nosso tempo entre outros trabalhos para manter a casa e tínhamos apenas um cliente, enfrentando concorrentes fortes no mercado. Mas eu sabia que, se implementássemos o método de trabalho que adotamos com nosso primeiro cliente, poderíamos expandir e nos diferenciar.

Nosso segundo cliente foi uma empresa de maquinário agrícola. A gerente de RH era uma amiga de infância, que nos deu a chance de mostrar nosso trabalho. Sem dúvida, foi o cliente mais desafiador, com um nível de exigência altíssimo, o que nos impulsionou a melhorar cada vez mais. À medida que conquistávamos novos clientes, passamos a trabalhar 16 horas por dia, atendendo na clínica durante o dia e visitando fazendas à noite, realizando atendimentos *in loco*.

Após cinco anos de empresa, nos tornamos líderes no mercado de medicina ocupacional na cidade e conseguimos construir nossa primeira sede própria. Com o crescimento, decidimos expandir e investir também no ramo de saúde geral. Já se passaram 15 anos desde que começamos nossa primeira empresa, sem dinheiro, sem apoio e sem experiência, mas movidos por um desejo profundo de mudar de vida e, entre tantas coisas, ir ao supermercado sem precisar usar uma calculadora para contar cada centavo.

Hoje, somos conhecidos como Grupo Gera, com mais de 15 empresas sólidas, atuando nos setores de saúde, mercado imobiliário e software. Geramos mais de 200 empregos diretos e 400 indiretos. Nosso alcance cresceu e, atualmente, somos líderes em medicina ocupacional não apenas no Mato Grosso, mas também em toda a Região Centro-Oeste.

Deus me deu a oportunidade de ter outro filho. Ele não substituiu Matheus, mas trouxe uma imensa alegria ao meu coração. Pedro Antônio, de 7 anos, é um menino maravilhoso, saudável, inteligente, amável, "meu grude", um verdadeiro furacão de felicidade em nossa casa. Gabriel, meu filho mais velho, hoje é médico e trabalha comigo em uma das empresas. Bárbara está cursando Medicina e também se juntará ao grupo em breve.

Tenho imenso orgulho das pessoas incríveis que eles se tornaram, seres humanos com caráter, integridade e muito amor, apesar de todo o sofrimento a que foram expostos.

Atualmente, além de me dedicar às empresas e à minha família, estou finalizando meu mandato como presidente da Associação Comercial e Industrial (Acir) de Rondonópolis (MT), a maior entidade de representatividade empresarial do estado. Durante minha gestão, criamos o Núcleo da Mulher, um projeto voltado para fortalecer e promover o empreendedorismo feminino. Esse núcleo é um instrumento fundamental para o fortalecimento econômico e tem o poder de transformar e salvar vidas, muitas vezes tirando mulheres de relacionamentos abusivos e de situações de vulnerabilidade.

Sempre digo que o lugar da mulher é onde ela quiser, inclusive na política. Hoje, atuo como suplente de deputada federal, e venho trabalhando pelo fortalecimento e engajamento feminino na política, para que as mulheres possam concorrer de igual para igual, trazendo voz e visibilidade às nossas pautas, necessidades e desafios. Existem homens maravilhosos no mundo, mas ninguém defende e luta por um filho como uma mãe. Queremos essa representatividade ativa e em crescimento.

Quando me perguntam o que aprendi com todo o sofrimento e essas experiências de vida, sempre respondo da mesma forma: minha história não é para despertar piedade, mas para mostrar que é possível superar, romper ciclos destrutivos e reconstruir nossa história.

Somos o que queremos ser, não importa de onde viemos, nosso passado não é uma sentença do futuro. Tudo o que passamos foi o que permitimos passar. Não se vitimize, lute!

CAPÍTULO 23

Uma vida de "trabalhazer"

Servir e trabalhar com amor sempre foi meu caminho. Ressignifiquei e ampliei o propósito do trabalho em minha vida e descobri, por meio dele, como evoluir, ganhar dinheiro e ser eu mesma plenamente, vivendo com prazer, alegria e gratidão.

Margareth de Souza Facirolli (Meg Facirolli)

MARGARETH DE SOUZA FACIROLLI (MEG FACIROLLI)

Sócia da Alinharh Consultoria e Capacitação Coach e mentora para pessoas executivas e líderes. Facilitadora em cursos de Liderança e Gestão. Facilitadora LEGO® Serious Play® Method. Professora em cursos de especialização e MBAs.

Gerente de Pessoas e Cultura da Sicredi Ouro Verde (MT). São 29 anos dedicados ao desenvolvimento de pessoas e 25 anos de experiência em gestão empresarial; vários cursos em Gestão de Pessoas, Liderança, Desenvolvimento Humano, Coaching e Mentoring com experiências internacionais. Especializações em Administração e Gestão Empresarial. Formações em Gestão de Negócios, Gestão de Cooperativas de Crédito e Desenvolvimento em Governança Corporativa. Esposa do Maurício, mãe da Alyne, da Letycia e da Sofya; avó da Mariana e da Lara.

Contatos: www.alinharh.com
margareth@alinharh.com
megfacirolli@gmail.com
Instagram: @margarethfacirolli
65 99973 0039

Transformando adversidade e sofrimento em trabalho, aprendizado e carreiras

Para mim, não existe o eu pessoal e o eu profissional; sou um ser integral, e a minha história de vida me ensina isso desde muito cedo. Sou a filha mais velha de três, do primeiro casamento dos meus pais, e tenho mais dois irmãos por parte de pai. Meu pai era administrador de fazendas e vendedor, e minha mãe, doméstica, não só em casa, mas também para outras famílias.

Até os 11 anos de idade, tive amor e cuidados, mas também passei por adversidades materiais e psicológicas, em virtude da distância dos meus pais, seja por situações de trabalho, seja pela falta dele. Sei que eles fizeram o melhor que podiam nas condições que tinham, e eu não seria quem sou se não fossem essas experiências desafiadoras e educativas.

Considero que minha vida produtiva começou aos 11 anos. Morávamos na última rua da cidade, com uma cerca de arame farpado separando nosso quintal de um pasto. Meu irmão e eu começamos vendendo esterco, depois verduras e salgados, com o objetivo de garantir algumas guloseimas e ajudar nossa mãe.

Quando nos mudamos para outro bairro, fui estudar em uma escola melhor. Meus pais se separaram. Aos 14 anos, comecei a trabalhar como vendedora em uma loja de roupas para ajudar a pagar meus estudos e despesas pessoais. Como não havia opção de fazer o colegial de manhã, iniciei à noite um curso técnico em Contabilidade em uma excelente fundação.

Na loja, aprendi técnicas de vendas e atendimento ao cliente, mas principalmente entendi que, além de buscar oportunidades, precisamos de "anjos" – pessoas que não fazem o trabalho por você, mas que apoiam, orientam e ensinam o necessário para seu sucesso. Uma dessas pessoas foi essencial para que eu fosse considerada uma ótima vendedora.

O que fazemos é semente para a colheita no futuro; os frutos são sempre vistos por alguém. Aos 16 anos, por indicação de uma cliente da loja, conquistei meu primeiro emprego de carteira assinada, em um escritório de contabilidade agrícola, onde registrava lançamentos contábeis em um sistema automatizado.

Iniciei a minha segunda carreira em um ótimo ambiente, sob a supervisão de um gestor que considero um "anjo". Embora não gostasse de passar o dia todo digitando, aproveitei a oportunidade e, durante as férias escolares, aprendi a programar o sistema, ajudando meu gestor e sendo reconhecida por isso.

Apesar da timidez e da vergonha pela minha condição social e familiar, uma força interna me impulsionava a seguir em frente. Meu pai sempre me lembrava que, como filha de Deus, eu podia falar e me relacionar com qualquer pessoa, desde que com respeito.

E foi com esse aporte na mochila que me tornei presidenta do Interact Club, a ala de adolescentes do Rotary, uma experiência fantástica de liderança, trabalho social abrangente e de superação da minha timidez. Também foi uma lição para a vida: mesmo tendo pouco, podemos fazer por quem tem menos ainda. Desde então, o trabalho voluntário tem sido constante na minha vida, me tornando uma pessoa melhor.

A sobrevivência: pouca diversão, muita tensão e dor

Aos 17 anos, meu sonho era cursar Psicologia, mas, sem condições financeiras, fiz Processamento de Dados em uma faculdade particular de uma cidade vizinha. Minha jornada era intensa, das 7 da manhã até por volta da meia-noite.

No segundo ano, me mudei e consegui um emprego de meio período, com salário menor, mas que me permitia fazer estágio. No terceiro ano, comecei a trabalhar na própria faculdade, sendo uma das poucas mulheres no curso e uma das melhores alunas.

Nesse período, estava em um relacionamento sério, programando o casamento. Engravidei e finalizei o curso com dois títulos: o diploma de tecnóloga e a maternidade. Após a licença, fui demitida por falta de rede de apoio. Logo após minha filha completar um ano, meu marido nos deixou e eu me vi sozinha, aos 21 anos, sem emprego, com dívidas e a responsabilidade de cuidar da minha filha.

Voltei para a casa da minha mãe, que estava casada novamente, em Dourados (MS). Consegui um emprego na área de informática, ganhando um salário-mínimo, emocionalmente arrasada, conciliando maternidade, afazeres domésticos e dificuldades. Não consegui manter minha produtividade e fui demitida novamente.

Falhar em algumas situações não significa fracassar na vida. Entre altos e baixos, idas e vindas, segui cuidando da minha filha. Consegui um trabalho de implantação de sistemas de contabilidade, mais aderente ao meu perfil, agora com o apoio da minha irmã. Essa empresa fechou e um dos donos me indicou para uma empresa em Campo Grande (MS), onde enfrentei mais uma mudança e novos desafios.

Rumo à maturidade

Aprendendo, com muita dor, a "carregar o piano sozinha", descobri como utilizar meus talentos naturais, experiências e conhecimentos angariados até ali e com uma boa rede de "anjos". Em Campo Grande, consegui alavancar minha carreira em tecnologia e, de fato, me tornar adulta.

Embora fosse mediana em programação, me destacava em lógica, planejamento estratégico e habilidades sociais. Com esforço e dedicação, encontrei meu espaço na área e consegui me consolidar na carreira entre os 24 e 30 anos. Durante esse período, fiz uma especialização em Administração, que foi crucial para o desenvolvimento de minhas habilidades em liderança e gestão.

Aos 28 anos, fui a primeira mulher no Brasil a presidir uma regional da Sociedade de Usuários de Computadores e Telecomunicações (Sucesu). A regional que assumi estava sem estrutura e sem dinheiro. Consegui reconstituir o Conselho e diretorias básicas e realizar a primeira feira e congresso no Mato Grosso do Sul. Com a parceria e o apoio de duas mulheres incríveis e um contrato de risco, realizamos eventos com sucesso de público, temas relevantes e condições financeiras para a entidade. Isso me rendeu uma ampla rede de contatos e vasta experiência.

Conciliando tudo e encontrando o propósito de vida

Participei de um congresso de Administração e Psicologia com o desejo de retomar meu sonho de adolescência. Lá, conheci Pierre Weil, um palestrante que havia acabado de lançar o livro *Organizações e tecnologias para o terceiro milênio*. Após convidá-lo para palestrar no congresso da Sucesu, focado em comportamento e tendências, iniciamos uma amizade, que evoluiu para um breve namoro e depois voltou à amizade. Com ele, fortaleceu-se minha decisão de iniciar uma terceira carreira, conciliando a vida pessoal e a profissional com várias formações paralelas.

Aos 30 anos, mudei de carreira e entrei em uma empresa do mesmo grupo em que já havia trabalhado com tecnologia. Fiz uma redução de patamar profissional como analista, com a missão de implantar um setor de RH voltado ao desenvolvimento de pessoas e de líderes. Em meio a essa transição, conheci meu atual marido, nos casamos e nos mudamos para Cuiabá (MT), onde construímos nossa família com mais duas filhas.

Iniciei do zero em um novo mercado. Minha estratégia foi fazer cursos de Liderança e Empreendedorismo no Sebrae, o que me trouxe várias oportunidades de trabalho e contatos.

Quando minha segunda filha tinha nove meses, tornei-me sócia de uma empresa de desenvolvimento humano e saúde integral, onde alavanquei a área de atendimento empresarial, oferecendo cursos e consultoria organizacional. Foram cinco anos de vitórias e investimentos em formações e autoconhecimento.

Em 1999, criei o programa Motivando-se para Trabalhar e Servir com Amor, impactando cerca de 15 mil pessoas em quatro anos, de várias áreas e regiões do Brasil. Nesse processo, desenvolvi o conceito de "trabalhazer", com a proposta de ressignificar a dor do trabalho, inclusive etimologicamente.

Em 2000, iniciei a carreira de coach e, junto com meus sócios, criamos cursos inovadores como Preparando Você, o Profissional do Futuro e Liderança Proativa.

Consolidei a alegria de servir com amor, sendo que meu sucesso é o sucesso do outro. Levei isso adiante no exercício de liderança, no coaching e até na área de Gestão de Pessoas.

A Central Sicredi MT era nossa cliente desde 1999 e, em 2003, recebi duas propostas: integrar o Conselho de Administração da cooperativa da qual eu era associada ou assumir a estruturação da área de Gestão de Pessoas da Central. Escolhi a segunda opção, pois estava mais alinhada com meu propósito e momento de vida. Passei por entrevistas com um gestor da Confederação e o Conselho de Administração da Central e, surpreendentemente, fui contratada grávida de sete meses. Iniciei o trabalho aos oito meses de gestação da minha filha caçula. Isso só foi possível porque estava cercada por lideranças de mente aberta, que valorizavam o talento e a conexão com o propósito. Recebi todo o apoio necessário de superiores, colegas e equipe para conciliar o trabalho e a amamentação, que se estendeu até quase um ano.

O primeiro ano foi desafiador, conciliando viagens, amamentação e família, mas contei com uma forte rede de apoio: meu marido, minha mãe e colaboradoras maravilhosas.

Por quase 13 anos, tive o privilégio de trabalhar e estruturar a área de Gestão de Pessoas na Central Sicredi MT e suas cooperativas, além de participar da estruturação da área de Pessoas na Confederação. Implantei o setor e contratei a equipe de acordo com o modelo de atuação de um RH estratégico, com o apoio de consultorias nacionais e internacionais. Foi um período de grandes aprendizados e conquistas, com uma equipe que admiro e com a qual me relaciono até hoje.

Dar um tempo: pausas necessárias e evolutivas

Tive oportunidades de crescer em outras áreas executivas, mas dois fatores me fizeram declinar: a falta de mobilidade da minha família e o desconforto de apoiar o desenvolvimento de executivos(as) enquanto concorria com eles(as). No final de 2015, em comum acordo com meu gestor e com o apoio de um programa de coaching de transição, revisitei meus valores e sonhos e decidi, aos 50 anos, fazer uma pausa e entrar em um período sabático.

Saí da empresa no início de 2016, com o propósito de continuar utilizando meus talentos para contribuir positivamente no mundo, em negócios e com pessoas do bem, mobilizando pessoas e deixando os lugares e processos por onde eu passo melhores do que encontro.

Nessa jornada, meu marido e eu estabelecemos alguns princípios que norteiam nossas decisões e a vida familiar: garantir o essencial e realizar sonhos que promovam nossa evolução; acumular patrimônio para segurança; investir em educação e saúde; e manter um ambiente de espiritualidade, liberdade e responsabilidade. Priorizamos a autogestão e o compromisso com o coletivo, além de nos divertirmos com viagens e experiências culturais. Amamos diversidade e voluntariado!

Durante meu sabático de 100 dias, viajei para Portugal, Espanha, Canadá e Estados Unidos, realizando sonhos de adolescência. Estudei inglês, fiz curso de mentoria, conheci culturas e pessoas novas e aproveitei o ócio criativo. Nos últimos 15 dias, meu marido e filhas se juntaram a mim nos Estados Unidos.

Ao retornar, fundei minha empresa, Alinharh. Antes mesmo de iniciar as atividades, já tinha três contratos, resultado da minha constante atualização e do bom relacionamento no mercado.

Foram seis anos dedicados à consultoria, com muitos clientes e projetos de capacitação, desenvolvimento de lideranças, coaching, mentoria para gestores e executivos, planejamento estratégico, governança cooperativa e corporativa, e implantação de RH estratégico. Continuei investindo em formações e busquei sócios, acreditando que a complementaridade e a diversidade são essenciais para evolução e inovação. Sozinha, tenho limitações de tempo e habilidades, mas em equipe podemos alcançar muito mais.

O trabalho é vida e a vida é contribuição

No final de 2021, considerei sair da operação da empresa. Com três sócios e alguns consultores parceiros, desejava focar menos na execução e mais na mentoria, especialmente no desenvolvimento de lideranças. Como o universo conspira a favor dos nossos planos, recebi uma proposta da Sicredi Ouro Verde (MT).

Aos 56 anos, amando trabalho e desafios, aceitei o convite para ser gestora de pessoas e cultura. Com o apoio da minha família e sócios, decidi seguir uma área que me encanta e me permite crescer junto aos talentos com quem trabalho.

Hoje, aos 59 anos, com marido, três filhas e duas netas que me impulsionam a seguir meu propósito, a escolha pelo trabalho formal é pautada no prazer em servir e na consciência espiritual. Tenho um compromisso especial com o desenvolvimento de líderes e gestores, dedicando um espaço especial para mulheres, entendendo que nós devemos nos apoderar de nossa liderança e autoconsciência, para protagonizar um mundo com mais amor, cuidado e beleza.

Com saúde, disposição, alegria e gratidão, mantenho a mente aberta para o novo. Os planos para minha próxima carreira, a qual desejo exercer até os 80, talvez 85 anos, é implantar um projeto de empreendedorismo social, desenvolvido com o apoio de jovens mentes inovadoras.

O trabalho não é um fardo, mas o caminho que devemos trilhar. Nele encontramos desafios e conquistas, pessoas "anjos" que nos ajudam e oportunidades para o crescimento espiritual. É o caminho de serviço ou de servir que percorremos para vivermos nosso propósito e alcançarmos nossos sonhos. Portanto, o convite é: curta o caminho e fortaleça-se na jornada! E espero que possamos nos encontrar em algum momento, para que eu possa dizer: "conte comigo" ou "preciso de você!".

CAPÍTULO 24

Sem medo dos obstáculos

Neste livro, compartilharei um pouco da minha trajetória de vida e, ao mesmo tempo, realizarei um sonho. Foi uma jornada de muito trabalho e superações, desde a infância sempre marcada por muita luta e desafios para chegar aos meus objetivos. Meu maior apoio sempre foi a fé em Deus, que era a única coisa com que eu contava para superar o tudo que a vida tinha para me oferecer.

Marizete Fernandes Cardoso

MARIZETE FERNANDES CARDOSO

Bacharel em Serviço Social pela Universidade Estadual do Tocantins (Unitins). Tecnóloga em Gestão de Cooperativas pela ISAE Escolas de Negócios. Corretora e avaliadora de imóveis, IBREP. Coach e palestrante na temática "Mulher na Cooperativa". Proprietária da empresa SUPERMAQ máquinas e abrasivos e material de construção. Atuou como Conselheira Fiscal e de Administração do Sicredi Vanguarda PR/SP/RJ. É coordenadora de núcleo do Sicredi agência Floresta (Cascavel/PR). Foi conselheira titular do Conselho Municipal dos Direitos da Mulher. Foi coordenadora do Núcleo da CAIC e região. Atualmente, coordena o núcleo Acic Mulher Empreendedora Norte (Amen). Vice-presidente da Acic para Assuntos da Mulher Empresária.

Contatos: marifcardoso@hotmail.com
Facebook: Mari Fernandes
Instagram: Mari Fernandes

O que você diria de uma mulher que tinha uma onça de estimação na infância? Era a caçulinha de quatro irmãos, nascida em São Miguel do Iguaçu (PR).

Filha de João Fernandes (*in memoriam*) e Eva Fernandes (*in memoriam*), eu, Marizete ou Nequinha, como me chamavam em casa aos quatro anos, sou irmã de Juarez, Nivia e Edson. Nos mudamos para o estado do Mato Grosso, próximo a Tangará da Serra. Meus pais eram agricultores e a fazenda ficava longe de tudo; meus amiguinhos eram indígenas e meu divertimento era com os bichos de verdade, que andavam próximos de nossa casa. Nos finais de semana, meus irmãos e eu passeávamos nos campos serrados, nos rios. Fazíamos muitas brincadeiras e travessuras nas tocas dos indígenas, andávamos de trator por toda a mata para achar diferentes tipos de animais. Nossos finais de semana eram muito divertidos, mesmo estando longe de tudo.

Era uma vida de muitas dificuldades; ficávamos meses sem ir à cidade, as estradas eram de atoledos, e, para ajudar, os caminhoneiros ficavam atolados por dias a fio. Nesse local, meu pai abriu um restaurante na beira da rodovia. Tínhamos muitos bichos de variadas espécies, para que os fregueses pudessem apreciar.

Sempre fui apaixonada por gatos e cachorros. Quando um caminhoneiro matou meu cachorro atropelado, fiquei muito triste e chorava muito. Um indígena que sempre estava na nossa casa ficou comovido com minha tristeza e me presenteou com um filhote de onça, uma gatinha muito especial, a Mima. Ela ficou conosco por muito tempo, até que uma tragédia veio a acontecer: meu pai foi assassinado naquele lugar longe de tudo, no fim do mundo. Minha mãe, sem saber o que fazer, pegou seus quatro filhos, inclusive eu, com apenas sete anos de idade e uma onça a tiracolo, e nos mudamos para recomeçar a vida em Cuiabá (MT).

Mari amiga da onça

Nossa casa virou assunto da cidade para os alunos das escolas e todos queriam conhecer a Mima. Como ela foi ficando grande e muito brava, a presença de muitas pessoas a deixava muito irritada e a cada dia que passava o perigo aumentava, pois ela era extremamente faminta. Todos os dias precisávamos correr aos açougues para trazer muitos quilos de carne para alimentá-la. Como estava muito difícil manter aquela gatinha, com muita tristeza tivemos que tomar a decisão de a doarmos para um lugar em que ficasse segura e fosse bem tratada.

Mas aprendi muito com ela. Com sua garra de felina, sabia o que queria. Com seu jeito quieto, planejava muito. Com sua atitude, agia na hora certa. Com suas lindas e fofas patas, tinha uma garra certeira. Com seu faro, conheceria o perigo a quilômetros. Com sua fome, sabia que tinha de ir à luta. Até quando tinha que ficar presa, ela lutava por sua liberdade, e em minha vida não foi diferente.

No ano de 1986, de volta para minha terra, Cascavel (PR), com meus 16 anos e muitos sonhos na bagagem, se iniciava um novo ciclo. No início as coisas foram difíceis e, com uma mudança em cima de um caminhão, descobrimos que a casa que tínhamos comprado já havia sido vendida para outros; fomos enganados. Éramos só minha mãe e eu, pois meus irmãos já eram casados e tinham suas vidas para tocar. Minha mãe tinha problemas de saúde e nunca trabalhou fora; foi aí que peguei todos os ensinamentos da minha onça, e aquela menina que estava com a bagagem cheia de sonhos começou a jornada por trabalho, e, consequentemente, veio a desistência de alguns sonhos.

Meu primeiro trabalho foi ministrar aulas particulares de jazz para crianças, depois como secretária em uma rádio da cidade e mais tarde como operadora de radiotáxi; minha voz era ouvida pela cidade inteira. Essa empresa ficava dentro de uma funerária, mas nunca tive medo dos desafios da vida. Com meu trabalho sustentava a casa, no final do mês tinha que escolher o que pagava primeiro e, sempre em busca de novos desafios, fazia vários bicos nos finais de semana.

No ano de 1990, me casei com Valdair, que sempre me apoiou e me fez sentir segura ao lado dele. Fomos morar em Francisco Beltrão (PR) por um ano, porém acabamos voltando para Cascavel. Meu marido abriu uma empresa de representação comercial e construímos nossa casa. No ano de 1993, nasce Wellington, e seis anos depois, em 1999, veio o Vinicius, e aí está minha linda família; sou muito grata por ter esses lindos e maravilhosos homens que Deus trouxe à minha vida. Sempre estou presente e cheia de amor e cuidados com minha família.

Nessa trajetória, sempre ajudei meu marido no escritório de representação comercial, porém, para ganhar um extra, fazia pinturas em telas e outros artesanatos, além da venda de utilidades e de produtos de catálogo. Tinha um grupo de mulheres que vendiam para mim, para ajudar no sustento da casa, mas não me sentia muito satisfeita, pois sentia que poderia fazer mais.

Foi então que, no ano de 2001, abrimos a loja Supermaq Máquinas e Ferramentas. Como estava sempre em busca de desafios, entrei para a faculdade em busca de conhecimento. Foi um desafio, pois tinha duas crianças pequenas, uma empresa para cuidar, pouco conhecimento no ramo e ainda morava numa região longe para me deslocar todos os dias. Mas, enfim, consegui terminar minha faculdade, agora formada em Serviço Social e muito grata pela conquista.

Não tive muito tempo para descanso e logo veio outro desafio. Um amigo me passou o mapa de um loteamento para eu oferecer para amigos, e vi ali a oportunidade de uma nova experiência no mercado. Fiz meu registro no Creci e me tornei corretora e avaliadora de imóveis. Adoro realizar sonhos de pessoas; administrar a loja e fazer as vendas de imóveis sempre foi uma correria, mas sempre me mantive de olho em novas oportunidades de crescimento para as empresas da região norte de Cascavel, onde minha empresa está instalada. Sentimos a necessidade de trazer o desenvolvimento para a região; começou a luta para trazer investidores, e com nossos esforços conseguimos trazer para a área uma cooperativa de crédito, um posto policial, uma lotérica e até mesmo o Instituto Federal do Paraná (IFPR), no qual fui conselheira no Colégio Dirigente do Campus (Codic).

Também fui convidada para fazer cursos na cooperativa Sicredi e logo fui eleita conselheira por três mandatos consecutivos, e no segundo mandato eu era a única mulher a estar à frente do Conselho e da Coordenação, tendo adquirido muito conhecimento e experiência financeira. A cooperativa foi um grande aprendizado de vida, pois é muito gratificante estar presente e acompanhar o crescimento de uma cooperativa que se expande para outros estados de uma forma gigante, como vemos hoje. Tudo isso na mesma região que hoje tem o maior número de habitantes em Cascavel, superando os 186 mil, juntamente com outros empresários que tiveram a iniciativa de ir em busca de desenvolvimento local.

Isso nos orgulha muito, pois sempre lutamos pela região, juntamente com a Associação Comercial de Cascavel (Acic) e o Núcleo da Região Norte, que há 15 anos vêm nos auxiliando. Tenho a honra de ser a única mulher até hoje entre os 11 coordenadores, sempre em busca de melhoria para a Região Norte. Em todos estes anos na associação, participei de vários grupos e projetos: fui umas das primeiras a fazer parte da Acic Mulher, sempre participando ativamente, e no ano de 2024 iniciou-se um grupo de mulheres no núcleo, a Acic Mulher Empreendedora da Região Norte (Amen). Senti que as mulheres da nossa região tinham a mesma dificuldade que eu tinha para participar de reuniões, em virtude da distância, mas agora estão evoluindo muito bem com cada ação que fazemos. É muito gratificante pra mim, mas nunca imaginei que receberia um convite tão especial do presidente da Acic, Sr. Siro Canabarros. Fiquei muito honrada por ser solicitada a receber o cargo de vice-presidente da Acic Mulher Empresária de Cascavel.

Quero honrar esse cargo que a mim foi confiado, e que a cada encontro tenhamos uma visão diferente com essas mulheres inspiradoras, cada uma com suas histórias de superação, o que fortalece umas às outras. Vejo que ainda falta muito para que o respeito e a dignidade das mulheres sejam reconhecidos na sociedade. Em cada reunião de que participo, vejo sempre as mesmas dificuldades, com as mulheres ainda lutando pelos mesmos ideais.

No Conselho Municipal dos Direitos da Mulher, em cada projeto que juntas desenvolvemos, nosso motivo é sempre fonte de energia para seguirmos em frente no combate contra a violência às mulheres, pois cada dia fica mais evidente que, se as mulheres vêm lutando constantemente por liberdade e por seus direitos, é hora de dar um basta nisso e partir para uma vida digna da sua coragem.

Eu, Mari, nunca sofri violência em minha casa, mas já presenciei na minha família. Digo que é a pior situação dentro de um lar, onde quem deveria dar exemplo acaba gerando uma grande decepção, pois a pessoa que você ama e em quem confia não corresponde a suas expectativas.

É muito triste ouvir relatos de pessoas que ficaram sem rumo, sem chão. Vou seguir com esses grupos de mulheres para que juntas façamos tudo o que for necessário para isso ter um limite. Deus deu o privilégio de nós, mulheres, darmos à luz os homens e assim sermos cuidadas por eles e não massacradas, humilhadas.

Mãe, filha, esposa, avó, todas as mulheres querem no mínimo respeito e a dignidade de ter uma vida feliz!

Sororidade

Somos competentes, com capacidade de nos unir e nos capacitar para entender umas às outras.

Devemos nos permitir olhar para tudo e para todos com mais serenidade, confiança e acreditar que em tudo há uma inteligência que nos faz evoluir. Para ser cada dia uma pessoa melhor, aos 55 anos busco olhar para trás e vejo que tudo o que enfrentei foi um aprendizado, um crescimento, uma fonte de energia para seguir em frente diante das adversidades.

Fui vendedora de confecção e cosméticos, empresária no ramo de ferramentas, na área de gastronomia, distribuidora de semijoias e corretora de imóveis. Tudo isso me faz transmitir força e determinação de seguir em frente, sem ter medo dos questionamentos dos outros, poder conhecer o inabalável do feminino em meio à agitação e às responsabilidades que preenchiam meus dias.

Dedico-me com muita garra e determinação a todos os desafios que me propus, e nunca tive medo de um novo desafio. Temente a Deus, sempre com muita fé, acredito que tudo o que passamos em nossas vidas tem um sentido; o meu é deixar um legado por onde passei, compartilhando um pouco da minha história, que de alguma maneira faça sentido para que alguém alcance seus objetivos com dignidade, mas sempre priorizando momentos de qualidade com a família.

Sou grata a meu marido, Valdair Cardoso, com quem sou casada há 35 anos, e a nossos dois filhos, Wellington Fernandes Cardoso e Vinicius Fernandes Cardoso, por fazerem de mim uma mulher feliz por ser mãe e avó, por quem nutro amor incondicional. Tenho muito orgulho dos meus filhos, homens honestos e responsáveis, dignos de suas famílias. Ser avó é muito maravilhoso, mas nos faz perceber que o tempo está passando muito rápido; aí vêm os questionamentos: o que eu fiz e o que falta fazer?

A vida é um ciclo e nesta caminhada perdemos pessoas muito importantes, mas chegam outras que nos fazem ver a vida de forma diferente, mais leve.

O que vale na vida não é o ponto de partida e sim a caminhada.
Caminhando e semeando, no fim, terás o que colher.

(Cora Coralina)

CAPÍTULO 25

Mulheres que moldaram minha jornada

Ao refletir sobre minha trajetória, reconheço o impacto significativo das mulheres que passaram pela minha vida. Elas foram fundamentais para moldar a Valquiria que sou hoje. À medida que sigo minha jornada, tenho a certeza de que ainda serei apoiada, incentivada e inspirada por outras mulheres. Minha missão é retribuir essa gratidão e honrar o carinho e o amor que recebi, fazendo a diferença na vida de outras mulheres.

Valquiria Kenautt

VALQUIRIA KENAUTT

Formada em Ciências Contábeis pelo Centro Universitário de Cascavel (Univel), com especialização em Direito e Processo do Trabalho pela mesma instituição. Atuou por mais de 12 anos com Departamento Pessoal, Consultora Trabalhista com foco em Compliance Trabalhista e Previdenciário. Instrutora de cursos para formação profissional voltada ao Departamento Pessoal, capacitando mais de 200 profissionais em cinco anos. Facilitadora na Associação Comercial e Industrial de Cascavel (Acic), Coordenadora do Núcleo de Profissionais de RH ACIC (gestão 2023/2024). Palestrante em empresas com temas sobre Comissão Interna de Prevenção de Acidentes e Assédio (CIPAA) e em universidades com os temas Abertura de empresa para médicos e Declaração de Imposto de Renda e demais tributos para profissionais da área da saúde. Designer Gráfico pela Univel, HRBP (Human Resources Business Partner), parceira de negócios do RH, especialista em Estratégias de Branding com foco em Endomarketing e ESG, empreendedora e fundadora da Vibe Connect Comunicação.

Contatos: Instagram: @valquiriakenautt
Facebook: Valquiria Kenautt
LinkedIn: Valquiria Kenautt
Behance: Valquiria Kenautt
45 99918 4925

Quem é Valquiria Kenautt?

Por muito tempo, me fiz essa pergunta. Para descobrir quem sou, precisei de anos de terapia e muita paciência. Vamos começar do início, pelo meu nascimento.

Sou a primogênita de Vilmar (*in memoriam*) e Tereza. Meu pai trabalhava na construção civil como mestre de obras, enquanto minha mãe cuidava do lar. Durante todo o casamento, ele foi o único provedor e não permitiu que ela trabalhasse fora. Apesar das limitações, tivemos uma vida razoavelmente boa, com minha mãe sempre ao nosso lado, levando-nos e trazendo-nos da escola e cuidando de nós e da casa. Naquela época, não era comum que mulheres fossem independentes, e eu me espelhava muito nela.

A primeira grande mudança em nossas vidas ocorreu quando eu estava prestes a completar dez anos. Em setembro de 1996, meu pai faleceu em um acidente de carro ao voltar do trabalho, deixando minha mãe, então com 27 anos, e a mim, com 9 anos, além das minhas irmãs, Vanessa, com 8 anos, e Valéria, com apenas 2 meses.

Deus sempre tem um propósito para tudo em nossas vidas, e assim começou um novo capítulo em nossa história. Minha mãe, jovem e viúva, enfrentava o desafio de criar três filhas sem uma profissão. Foi nesse momento que começamos a perceber a força interior das mulheres.

Contrariando as expectativas, minha mãe lutou e conseguiu um emprego em uma indústria madeireira. Saía de casa às 6h30, caminhando para economizar o dinheiro da passagem, e retornava por volta das 18h. Enquanto isso, algumas pessoas nos ajudavam em casa, inicialmente nossa madrinha Irene e depois uma vizinha chamada Pita. Quando atingimos uma certa idade, minha irmã Vanessa e eu começamos a cuidar da casa e de nossa irmã Valéria. Costumo dizer que a Valéria foi um presente dos céus, ela nos deu força para seguirmos em frente quando nos sentíamos perdidas. Nos unimos para cuidar dela com amor e carinho, embora também houvesse desavenças.

Minha mãe nunca deixou faltar nada em casa. Apesar de não termos bens caros, já que éramos quatro bocas para alimentar com uma pensão de salário-mínimo, além do que ela ganhava na indústria, sempre tivemos o necessário para viver e éramos muito felizes.

Com o tempo, aprendemos a reconhecer o poder que temos dentro de nós. Para mim, a vida sempre mostrou isso desde cedo, especialmente ao observar a força da minha mãe. Sempre quis ser como ela: uma mulher que superou as adversidades, criou suas três filhas com amor e não se deixou abalar.

Iniciei minha trajetória profissional aos 16 anos, trabalhando como empacotadora em um supermercado, graças à indicação da Edilene, uma amiga especial da adolescência. Em 31 de maio de 2003, comecei a namorar Fábio, meu futuro marido. Após quase dois anos de namoro, decidimos morar juntos, e logo engravidei. Infelizmente, no primeiro mês de casamento, sofri um aborto espontâneo, o que foi uma experiência muito dolorosa para mim. Naquele momento, estava sem emprego e vivendo longe da minha mãe, sem me adaptar à vida de dona de casa, algo com o que não tinha familiaridade.

Em 2005, minha irmã Vanessa me indicou para uma vaga de secretária em um escritório de advocacia. Ela até me ajudou com a passagem de ônibus para a entrevista. Essa "mana", como a chamamos carinhosamente, foi fundamental nesse período da minha vida. Em 2006, com a indicação da Luciane, comecei a trabalhar como folguista em uma farmácia. O trabalho era desafiador pelos horários variados e locais diferentes, mas eu buscava um espaço que fosse meu.

Depois de um tempo sem ver a Edilene, em 2008 ela me trouxe uma nova oportunidade, me indicando para trabalhar em uma empresa de cobrança. Foi uma experiência enriquecedora, em horário comercial de segunda a sexta-feira, aprendi muito durante esse tempo. No entanto, a empresa fechou sua sede em Cascavel e eu fui desligada.

Iniciou-se, então, outra fase da minha jornada. Vanessa, mais uma vez, me apoiou. Ela trabalhava como telefonista terceirizada em uma agência bancária, que precisava de uma recepcionista. Fui indicada por ela e aceita pelo gerente. Encantei-me com o ambiente, as pessoas eram acolhedoras, e atendíamos um público diversificado. Nesse local, percebi meu verdadeiro propósito: ajudar os outros a resolverem seus problemas. Embora essa vontade já estivesse presente em mim, só com o tempo consegui reconhecê-la. Como recepcionista, senti uma enorme satisfação ao impactar positivamente a vida das pessoas.

Em 2009, o inesperado aconteceu: meu marido, Fábio, foi diagnosticado com câncer aos 27 anos. Meu mundo desabou. Estávamos casados há cinco anos e meu maior medo era perdê-lo. Não conseguia imaginar minha vida sem ele. Para estar ao seu lado durante o tratamento, pedi demissão ao gerente do banco onde trabalhava.

Acompanhei Fábio em todas as etapas de seu tratamento. Quando ele estava pronto para retornar ao trabalho, percebi que eu também precisava me recolocar no mercado, pois estava desempregada. Soube que o hospital Uopeccan estava contratando recepcionistas, me candidatei e consegui a vaga. No entanto, não consegui me manter lá por muito tempo e pedi demissão.

Retornei à agência bancária, que já não era mais o que eu desejava. Naquela época, eu e Fábio estávamos estudando Ciências Contábeis, e eu buscava uma oportunidade que me permitisse desenvolver carreira na área. A Eliane, uma amiga que foi nossa madrinha de casamento, me indicou para uma vaga no departamento financeiro de uma concessionária e, após alguns meses, fui promovida ao Departamento Pessoal. Isso me trouxe a certeza de que havia encontrado o caminho que queria seguir, ou assim pensava.

Após um período na concessionária, em 2014, ingressei no RH de uma empresa da área da saúde. Sempre digo que foi uma verdadeira escola para mim. Aprimorei meus conhecimentos em Departamento Pessoal e consegui aplicar na prática o que aprendia na faculdade sobre contabilidade. Essa experiência me proporcionou uma capacidade valiosa de compreender e lidar com as pessoas.

Fiquei nessa empresa por aproximadamente cinco anos, até decidir me arriscar em algo novo. Entrei em uma empresa de consultoria como consultora trabalhista, onde me especializei em Direito e Processo do Trabalho. Atuei nas rotinas de Departamento Pessoal e Compliance, e essa experiência foi incrível. No entanto, como tudo na vida, esse ciclo chegou ao fim e, após quase um ano, decidi sair da empresa.

Iniciei uma nova fase em uma empresa contábil, onde trabalhei no Departamento Pessoal por um período. Logo fui convidada a implantar o departamento de Marketing da empresa. Nesse momento, percebi que tinha duas paixões: o Departamento Pessoal e o Marketing. Mas eu questionava como essas áreas se conectam. A resposta veio quando comecei a atuar no Endomarketing, focando na melhoria do clima organizacional. Promovia ações voltadas para os colaboradores, visando impactar positivamente suas atividades e desempenhos. Permaneci nessa empresa por cerca de seis anos, dedicando pelo menos quatro deles ao Marketing e Endomarketing.

Em 2020, recebi uma grata surpresa: fui convidada a fazer parte do quadro de instrutores da Associação Comercial e Industrial de Cascavel (Acic) como instrutora/facilitadora em Departamento Pessoal. A indicação veio da Daiana Russo, uma pessoa que admiro profundamente e que teve um papel importante na minha trajetória. Essa oportunidade concretizou um sonho de infância: ensinar e dar aulas.

Em 2022, vivenciei uma grande virada na minha vida. Após um longo período de medicação, alimentação desregrada, tratamento para ansiedade e sedentarismo, enfrentei a obesidade grau II. Não me sentia feliz com meu corpo. Foi então que conversei com minha amiga Alessandra, que me motivou a tomar uma decisão. Ela havia realizado a cirurgia bariátrica no início do ano e estava radiante e saudável. Fiquei empolgada e pensei: por que não? Decidi que, como presente de aniversário, marcaria uma consulta com o cirurgião para saber se poderia passar pelo procedimento. Para minha alegria, a resposta foi um sonoro "sim".

Iniciei um novo ciclo em busca de melhorar minha qualidade de vida e a percepção que tenho de mim mesma. Assim, passei por todo o processo pré-operatório e, em 22 de dezembro de 2022, realizei a cirurgia bariátrica.

Quando decidi pela cirurgia, algumas pessoas me aconselharam: "Vá para a academia, você pode emagrecer apenas com exercícios e uma dieta restrita". No entanto, essa não era a minha realidade. Em fevereiro de 2022, comecei a praticar corrida de rua, treinando regularmente, mas, em vez de emagrecer, acabei ganhando peso. Enquanto algumas pessoas conseguem emagrecer apenas com dieta e exercícios, para mim essa abordagem não funcionou. Essa foi a primeira vez que tomei uma decisão tão impactante em minha vida sem me preocupar com a opinião dos outros, pois estava focada em minha saúde e meu bem-estar.

Hoje, dois anos após a cirurgia, sinto-me muito mais feliz e em processo de redescoberta. Minha vida mudou drasticamente e não tenho restrições alimentares. Posso afirmar que sou eu mesma novamente!

Em 2023, fui convidada a integrar o Núcleo de Profissionais de RH da Acic, onde atualmente estou como Coordenadora. Nos eventos desse núcleo, conheci o Acic Mulher, que se alinhou aos meus objetivos. Agradeço à Dai Rosseto, que me incentivou a participar das reuniões e me apoiou muito durante minha decisão de empreender. Ela me apresentou à Daia Lopes, que tem sido fundamental nesta fase da minha vida. Ambas me incentivam a nunca desistir e sempre estão ao meu lado.

Ao refletir sobre tudo o que escrevi e o que vivi, percebo que minha vida sempre foi cercada por pessoas do bem, especialmente mulheres incríveis que me apoiaram, tanto presencialmente quanto em pensamento.

Durante minha transição de carreira do Departamento Pessoal para o Marketing e para a docência, entre 2020 e 2023, percebi a necessidade de me organizar para abrir meu próprio negócio. Assim, em 2024, fundei a Vibe Connect Comunicação, com o propósito de transformar vidas. Acredito que meu sucesso está intrinsecamente ligado ao sucesso dos meus clientes, e é por isso que busco sempre oferecer o melhor, pois assim serei reconhecida.

Ainda em 2024 fui convidada pelo Rafael, CEO do Shopp Grupo, para atuar na implantação do departamento de RH, Cultura Organizacional e Endomarketing na empresa. Como não sou de recusar desafios e oportunidades, aceitei, e tive a grata oportunidade de conhecer a Eloiza, Diretora Financeira do grupo, que é uma pessoa que me inspira muito por sua força e determinação.

Com minha atuação em Human Resources Business Partner (HRBP), que é um parceiro de negócios do RH, sendo especialista em estratégias de branding com foco em endomarketing e ESG, sei que posso fazer a diferença na vida de muitas pessoas.

Você provavelmente já ouviu o ditado "Deus escreve certo por linhas tortas". Eu o ouvi muitas vezes ao longo da minha vida, mas discordo dele. Para mim, Deus escreve certo em linhas certas, somos nós que, muitas vezes, não conseguimos enxergar isso. Ao lembrar do meu aborto espontâneo, reflito sobre o que teria acontecido se tivesse tido aquela criança. Quando Fábio adoeceu, nosso filho teria apenas quatro anos. Como eu poderia cuidar dele e do nosso filho ao mesmo tempo? Essa situação poderia trazer sofrimento para todos nós. Embora não gostasse de onde morávamos, por ser longe da minha mãe, estávamos a apenas quatro quadras do Uopeccan quando Fábio precisou de tratamento. Para tudo há um momento de entendimento.

Passei mais de cinco anos em terapia para chegar aonde estou hoje e me reconhecer como sou. Agora posso dizer com orgulho: essa é a Valquiria, uma mulher que conquista seus sonhos dia após dia e que nunca desistirá do poder que existe dentro de si!

No meio de tanta mudança, ainda me identifiquei com o grupo de K-pop BTS, e ouvindo as músicas deles consegui me revestir de mais força e amor próprio. Sem falar que conheci uma pessoa incrível que tem o mesmo carinho que o meu por esse grupo, a Cristtina Musi.

Quero dedicar algumas palavras à minha mãe e às minhas irmãs. Sem vocês, minha vida não teria sentido. Mãe, desejo ter ao menos metade da sua força. Mana, você sempre esteve ao meu lado desde o meu primeiro ano de vida. É minha parceira e a luz que me tira da escuridão. E Valéria, eu te amo tanto, você trouxe a vida que precisávamos e me dá a força para seguir em frente.

Não posso deixar de mencionar também o Fábio, meu parceiro de vida. Sem seu apoio incondicional às minhas ideias malucas e decisões inesperadas, não sei o que seria de mim. Eu te amo!

Por último, gostaria de agradecer a algumas mulheres incríveis que fazem parte da minha jornada: Natalia Helena, minha sogra, e Júlia Kissula, minha psicóloga, Aline Monique, minha Lash Designer e amiga, Daia Aline e a Day Weng, minhas amigas. Sou grata por tê-las ao meu lado.

Agradeço a você por ler minha história e espero ter inspirado você!